시장실에 없는 시장

시장실에 없는 시장

김경일 지음

오직 시민만을 바라보는
김경일 파주시장의 진심

고요아침

| 추천사 |

이효범

파주아파트입주자대표회의연합회 회장

『시장실에 없는 시장』은 한 도시의 행정 기록을 넘어, 시민의 삶 속으로 들어간 행정이 어떤 모습이어야 하는지를 진지하게 묻고 보여주는 책입니다.

이 책에서 김경일 파주시장은 행정의 중심을 '시장실'이 아닌 '현장'에 두어야 한다는 확고한 원칙을 보여줍니다. 시민과 함께한 시간을 회고하며 시민에게 듣고 느낀 경험을 담담하게 풀어내는 이 책을 통해 저는, 공직자가 어떤 자세로 시민을 대해야 하는지에 대한 의미 있는 길을 제시한다고 생각합니다. 바로 시민을 향한 '진심'과 '책임'입니다.

취임과 동시에 의례를 내려놓고 현장으로 향했던 첫 발걸음에서부터, 시민의 목소리를 듣기 위해 꾸준히 이어오고 있는 이동시장실 등의 모습을 통해 저는 김경일 시장의 진심을 느낍니다. 민생의 어려움 앞에서 머뭇거리지 않고 시민의 일상 속으로 향하는 발걸음에서, 지방정부가 시민에게 보여줘야 할 책임과 태도를 생각합니다.

흔히, 행정은 멈춰 있거나 매우 제한적인 움직임만을 보인다고 여기지만 이 책은 시민과 만난 행정은 살아 움직일 수 있음을 보여 줍니다. 행정의 선택 기준을 시민으로 삼았을 때, 행정은 현장에서 듣고 시민과 함께 고민하고 해답을 찾으려고 하는 역동성을 보입니다. 때문에 이 책은 행정에 관심 있는 독자뿐만 아니라 지역 공동체의 미래를 고민하는 모든 이들에게 의미 있는 저서가 될 것이라 기대합니다.

김경일 시장이 공직에 임하고자 하는 태도는, '시민과 더 가까이' 그리고 '시민에게 더 낮게'라고 느낍니다. 그 태도는 "이것이 정답이다"라고 알려주기보다는, 공직과 시민의 관계를 되돌아보고 생각하게 하는 기회를 던집니다. 시민 곁으로 더 다가가려는 모습, 시민과의 소통이 더 활발하게 흐를 수 있도록 밑에서 지탱하고자 하는 모습은 때때로 울림을 줄 수 있고, 함께하는 힘을 더 크게 키울 수도 있습니다.

『시장실에 없는 시장』이 공동체의 미래를 고민하는 이에게, 지방정부의 역할과 책임을 생각하는 이에게 의미 있는 저서가 되길 바라며 저서 출간을 진심으로 축하드립니다.

김미숙

반(反)성매매 시민활동단 클리어링 공동대표(파주시여성단체협의회 고문)

『시장실에 없는 시장』은 시민과 함께한 김경일 파주시장의 시간, 그리고 파주의 가장 어려운 문제 앞에서 김경일 시장이 어떤 선택을 했는지를 기록한 책입니다.

저는, 지난 수년간 파주시 성매매집결지 문제를 두고 현장에서 많은 시민과 함께 고민해왔습니다. 그래서 이 책에 담긴 성매매집결지 폐쇄 선언의 의미를 더 특별한 시선으로 읽게 됩니다.

성매매집결지 문제는 결정을 미루는 것이 가장 쉬운 선택이 될 수 있는 사안입니다. 이해관계가 복잡하게 얽혀 있고, 반발이 예상되며, 무엇보다 단기간에 성과로 설명되기 어려운 문제이기 때문입니다. 많은 경우 이 문제는 다음으로, 또 그다음으로 미뤄지기 쉽고 실제로 그래왔습니다.

그럼에도 불구하고 김경일 파주시장은 이 문제를 더 이상 방치하지 않겠다는 분명한 방향을 정하고 시민과 함께 정면으로 맞섰습니다. 이 선택은, 우리 모두가 더 이상 외면해서는 안 될 책임을 더 이상 미루지 않겠다는 의지에 가까웠다고 생각합니다. 누군가는 반드시 감당해야 할 문제를 '다음 사람의 몫'으로 넘기지 않겠다는 결단이었습니다.

성매매집결지 문제를 비롯하여 이 책에 담긴 기록은 쉽지 않은 수많은 결정들이, 그럼에도 불구하고 "왜 필요한 선택이었는지" 차분하게 보여줍니다. 완성된 결과보다, 그 과정에서 흔들리지 않으려 했던 기준이 이 책의 중심에 놓여 있습니다.

『시장실에 없는 시장』은 행정이 시민의 삶과 맞닿은 문제 앞에서 어디까지 책임져야 하는지를 묻는 기록입니다. 파주시민의 한 사람으로서, 이 질문을 외면하지 않으려 했던 시간의 기록이 책으로 남았다는 점에 의미를 느낍니다.

이 책이 파주를 넘어, 어려운 결정을 앞둔 많은 현장에 용기와 방향을 주는 참고서가 되기를 바랍니다. 시민과 함께하는 김경일 파주시장의 파주 사랑이 담긴 저서, 『시장실에 없는 시장』 발간을 진심으로 축하드립니다.

우원식
국회의장

김경일 파주시장과는 자주 현장에서 만났습니다. 확성기 방송으로 고통받는 접경지 주민들의 목소리를 듣기 위해 국회의장 주재 간담회에서도, 장준하 선생 50주기 추모 행사에서 민주주의의 책임과 더 나은 미래를 함께 다짐할 때에도, 지역의 산업과 일자리를 알리는 기업박람회 현장에서도 김경일 시장은 한결같았습니다. 늘 시민 곁에 있었고, 열정과 책임감이 돋보였습니다.

『시장실에 없는 시장』이라는 이 책의 제목처럼, 김경일 시장은 늘 바쁘게 움직이며 시민의 삶 가까이 들어갔습니다. 김경일 시장에게 지역 현안에 대한 설명을 들은 적이 있습니다. 김경일 시장이 가장 강조한 것은 '시민'이었습니다. 그는 시민을 위한 행정에 진심이 담기면 그 추진력과 결과는 확연히 다를 수밖에 없다는 것을 잘 알고 있는 공직자였습니다. 대북전단 살포를 막기 위해 협박과 위협 속에서도 물러서지 않았던 모습도 인상적이었습니다. 제가 후쿠시마 오염수 문제로 단식을 할 때, 저를 찾아와 국민안전을 지키는 책임을 강조하던 모습과 다르지 않았습니다. 김경일 시장의 '시민 중심'은 구호가 아니라 실천이라는 것을 알 수 있었습니다.

『시장실에 없는 시장』은 행정이 어디를 향해야 하는지에 대한 진심의 기록입니다. 이 책이 시민을 행정의 중심에 두고, 사무실이 아니라 현장에서, 계획이 아니라 시민의 삶터에서 답을 찾아온 한 공직자의 고민과 실천을 공유하는 계기가 되기를 바랍니다. 지역의 발전을 넘어, 우리 사회가 기대하는 행정의 방향을 함께 모색하고자 하는 분들께 이 책을 권합니다.

윤후덕
국회의원(경기 파주시갑)

파주는 이미 54만 대도시로 성장하며 경기북부를 대표하는 도시로 자리 잡고 있습니다.

동시에 북한과의 접경이라는 특수한 지정학적 위치 속에서 향후 남북관계의 변화에 따라 한반도와 대륙을 잇는 길목으로 발전할 수 있는 가능성도 함께 지니고 있습니다.

이러한 파주의 잠재력은 산업과 물류, 교통과 정주 환경이 함께 뒷받침될 때 비로소 현실이 됩니다.

도시의 성장은 곧 국가 경쟁력의 기반이 됩니다. 지역의 강점을 살리고 미래의 방향을 준비하는 일은 도시 차원을 넘어 국가 전체의 과제이기도 합니다.

이 책이 파주가 가진 현재의 위상과 앞으로의 가능성을 함께 돌아보며, 도시의 성장과 역할을 보다 넓은 시야에서 고민해 보는 계기가 되기를 바랍니다.

파주가 시민의 삶을 중심에 두고 미래를 차분히 준비해 나가는 도시로 나아가길 기대합니다.

박 정
국회의원(경기 파주시을)

뼛속까지 파주사랑! 파주시을 국회의원 박정입니다.

김경일 시장님의 『시장실에 없는 시장』 출간을 진심으로 축하드립니다.

파주를 더 나은 도시로 만들겠다는 문제의식과 시민을 향한 책임감이 고스란히 담긴 책이기에, 더욱 뜻깊게 느껴집니다.

김경일 시장을 떠올리면 가장 먼저 떠오르는 모습은 언제나 현장입니다.

도의원 시절부터 지금까지, 중요한 현안이 생기면 늘 시장실이 아니라 시민이 있는 곳으로 향했습니다. 책 제목처럼 김경일 시장에게 시장실은 '일하는 공간'이 아니라, 시민을 만나기 위해 잠시 스쳐 가는 장소에 가까웠습니다. 현장에서 시민의 이야기를 듣고, 다시 정책으로 돌아와 해법을 찾는 그 과정이 김경일 시장 행정의 출발점이자 기준이라고 생각합니다.

김경일 시장의 행정에는 늘 듣는 자세가 먼저 있습니다.

현장을 가야 시민을 만날 수 있고, 시민을 만나야 제대로 된 해답을 찾을 수 있다는 믿음이, 수많은 이동시장실과 현장 행정으로 이어져 왔습니다. 귀는 두 개이고 입은 하나라는 말처럼, 더 많이 듣기 위해 더 자주 움직이는 시장의 모습은 파주 시민에게 큰 신뢰로 다가가고 있습니다.

제가 김경일 시장을 높이 평가하는 또 하나의 이유는 미래를 그리는 상상력입니다. 김 시장은 지방정부의 역할을 단순한 행정 관리가 아니라, 파주의 다음 10년과 20년을 그리는 일로 이해하고 있습니다. 안 되는 이유보다, 시민이 원하는 이유를 먼저 찾고, 상상을 현실로 만들기 위해 끝까지 방법을 모색하는 태도는 이 책 전반에 잘 담겨 있습니다. 지방정부의 수장이 '드리머(Dreamer)'여야 한다는 김 시장의 생각에 깊이 공감합니다.

『시장실에 없는 시장』은 한 사람의 기록이자, 파주가 나아가야 할 방향에 대한 질문입니다. 이 책을 통해 독자 여러분께서도 각자의 자리에서 파주의 미래를 함께 상상하고, 더 나은 지역 공동체를 고민하는 계기가 되기를 바랍니다.

저 역시 국회의원으로서, 시민의 목소리가 정책으로 이어지고, 파주의 상상이 현실이 되는 길을 끝까지 함께 걸어가겠습니다.

다시 한번 출간을 진심으로 축하드립니다.

황명선
더불어민주당 최고위원(충남 논산시계룡시금산군 국회의원)

김경일 파주시장의 시민을 위한 진심과 더 나은 파주를 위한 노력이 담긴 값진 기록, 『시장실에 없는 시장』 출간을 진심으로 축하드립니다. 뜻깊은 저서를 추천할 수 있어 기쁘고 영광입니다.

'시장실에 없는 시장'은 곧 '언제 어디에나 있는 시장'을 뜻합니다. 언제나 시정활동의 중심에 늘 시민을 뒀던 김경일 시장은 파주시민을 향한 진심을 행동으로 옮기기 위해 시민 속으로 뛰어들었습니다. 취임식을 취소하고 임기 첫 일정을 재난 현장 점검으로 시작했고, 200회 가까이 '이동시장실'을 열며 파주시민 목소리를 직접 듣고 정책으로 옮겼습니다.

그 결과물들은 그 어떤 지방정부보다도 한 걸음 앞서 있었습니다. 전국 최초로 학생 전용 통학순환버스인 '파프리카'를 운행했고, 전국 최대 규모의 지역화폐 '파주페이'를 발행하기도 했습니다. 전국 최초로 전 가구에 난방비를 지원한 '긴급에너지 생활안정지원금'은 더불어민주당 첫 지방정부 우수사례로 선정되기도 했습니다.

지금까지 쌓여온 그의 이런 기록들은 민생을 향한 확고한 철학과 뚝심 없이는 결코 이룰 수 없는 것이었습니다. 김경일 시장은 시민의 삶을 위한 일에는 단 한 번도 주저함이 없었고, 그가 가꿔온 파주는 대한민국 전체 지방행정의 중요한 선례가 됐습니다. 논산시장 3선을 지내며 자치분권 확립에 앞장서 온 제게도 김경일 시장은 소중한 동지이자 자랑입니다.

『시장실에 없는 시장』은 한 정치인의 성과를 나열한 책이 아닙니다. 파주시민을 향한 진심 어린 마음을 어떤 철학으로 지켜왔고, 그 용기가 어떻게 현실 속 정책으로 탈바꿈했는지 보여주는 귀한 기록입니다. 이 책을 펼쳐보시는 모든 시민께, 파주와 김경일 시장과 함께해 온 시간 속에서 싹터온 '100만 자족도시'의 꿈과 희망이 온전히 전해지기를 바랍니다.

김승원
더불어민주당 경기도당위원장(경기 수원시갑 국회의원)

김경일 파주시장의 파주 사랑과 시민을 향한 진심이 오롯이 담긴 저서, 『시장실에 없는 시장』의 발간을 진심으로 축하드립니다. 이 책은 김경일 시장이 어떤 자세로 시민을 만나고, 어떤 원칙으로 도시를 이끌어왔는지를 담담하면서도 깊이 있게 전하고 있습니다.

『시장실에 없는 시장』은 단순한 시정 기록을 넘어, "시민 속에 답이 있다"라는 김경일 시장의 분명한 철학을 보여줍니다. 취임식을 취소하고 재난 현장으로 향했던 첫걸음에서부터 민생의 가장 가까운 자리로 향했던 수많은 발걸음까지, 이 책 곳곳에는 '시민과 함께하지 않으면 아무것도 할 수 없다'는 시장의 초심과 뚝심이 고스란히 담겨 있습니다.

김경일 시장은 늘 시민이 있는 길을 선택하였습니다. 시장실을 나와 현장으로 향하고, 보고서가 아닌 시민의 목소리를 기준 삼아 정책을 만들어온 과정은 '시민중심 더 큰 파주'라는 시정 철학이 결코 구호에 그치지 않았음을 증명합니다.

특히 이 책에서 인상 깊은 대목은 '이동시장실'입니다. 시민이 부르면 어디든 찾아가고, 시민이 주인공이 되는 이 소통의 공간은 파주의 살아 있는 민주주의이자 행정의 출발점이었습니다. 파주의 굵직한 변화들이 시민의 목소리에서 시작되었다는 사실은 진정한 소통이 어떻게 정책으로 이어지는지를 잘 보여줍니다.

『시장실에 없는 시장』이 파주시민 여러분께는 자부심이 되고, 독자 여러분께는 '시민과 함께하는 정치와 행정'의 가능성을 다시 생각하게 하는 계기가 되기를 바랍니다. 『시장실에 없는 시장』을 통해 더 많은 분들이 민생의 현장에서 답을 찾는 용기와 책임의 가치를 느끼시길 기대합니다.

파주시민과 독자 여러분의 건강과 행복을 진심으로 기원합니다.
감사합니다.

이인영
국회의원(서울 구로구갑)

오직 시민만 바라보는 김경일 파주시장의 진심이 가득한 저서, 『시장실에 없는 시장』 출간을 진심으로 축하드립니다. 김경일 시장의 꾸준한 노력과 한결같은 마음이 돋보이는 저서는 깊은 공감과 울림, 그리고 파주를 향한 관심과 응원을 선사합니다.

『시장실에 없는 시장』은 책상에 앉아 구상된 행정이 아닌, 시민의 삶이 있는 민생의 한복판을 발로 뛰며 시민과 함께 도전하고 이뤄낸 변화의 기록입니다. 여러 활동이 담겨 있는 다양한 내용에서 한 가지 공통점을 찾을 수 있습니다. 김경일 시장이 걸어간 길의 모든 출발점은 시민의 목소리, 시민의 바람에서 시작됐다는 것입니다. 시민과 마주한 순간에서 김경일 시장의 도전은 시작되고, 그 도전이 과정을 거쳐 결과를 이뤄내기까지 모든 순간을 시민과 함께합니다.

저서에 담긴 김경일 시장의 소통 방식 역시 눈길을 사로잡습니다. 김경일 시장의 소통은 설득이 아닌, 경청이 우선입니다. 답을 정해놓고 이야기하지 않고 답을 찾기 위해 더 많이 듣고 더 오래 소통합니다. 김경일 시장의 소통은, 함께 만들어가는 정답이 공동체에는 더 오래가는 해답이 될 수 있음을 알려줍니다. 또한, 내가 바라는 답을 찾기 위해 스스로 세운 기준과 원칙을 지키는 게 중요하다는 누군가에게, 그 원칙이 자신을 가리고 가두는 벽에 될 수도 있음을 생각하게 합니다.

소통하며 발로 뛰기 위해 시장실에 없는 김경일 시장의 시정철학은 언제나 '시민'인 것 같습니다. 김경일 시장의 시선을 따라가다 보면, 모든 행정의 이정표는 시민을 향하고 있습니다. 시민과 함께 만들어가는 것이 해답이라는 믿음을 갖고 있어서인지, 김경일 시장은 시민의 목소리를 더 듣기 위해 더 발로 뛰어다닙니다. 또한, 그 발걸음은 '안 된다'라는 벽 앞에 가로막혔을 때 멈추지 않습니다. 포기하지 않고 오히려 추진력을 더해 새로운 길을 만들어 냅니다. 적극적인 행정은, 말이 아닌 행동으로 보이고 증명됩니다. 지방정부의 역할이 갈수록 중요해지는 지금,『시장실에 없는 시장』에서 돋보이는 적극행정 사례들은 더 나은 도시의 미래를 고민하는 이들에게 뜻깊은 도움을 줄 것이라 기대합니다.

공동체의 의미와 역할이 희미해지는 오늘날, '시장실에 없는 시장'은 '함께'의 중요성과 필요성을 말하고 이를 증명합니다. 혼자 가는 길이 당장은 편할 수는 있지만, 결국은 함께 가는 길이 내 삶과 우리의 미래에 더 큰 발자취를 남길 수 있음을 다시금 깨닫습니다. 시장실에 없는 시장이 시민과 함께 걸어간 발걸음을 따라가다 보면, 파주의 펼쳐질 새로운 미래가 기대됩니다.

파주의 앞날에 더 큰 희망이 펼쳐지길, 파주시민의 일상에 더 큰 행복이 가득하길 기원하며『시장실에 없는 시장』이 많은 사랑을 받는 책이 되길 바랍니다. 감사합니다.

김병주
국회의원(경기 남양주을)

현장에서 길을 찾고, 시민과 함께 미래를 그리는 시장

파주는 대한민국에서 가장 역동적으로 변화하는 도시입니다. 접경지역이라는 제약을 넘어 50만 대도시로 성장했고, GTX-A 개통과 함께 평화와 경제가 공존하는 미래형 도시로 나아가고 있습니다. 이 놀라운 변화의 중심에는 언제나 현장을 누비는 김경일 파주 시장이 있습니다.

이 책의 제목인 '시장실에 없는 시장'은 김경일 시장의 정체성을 가장 잘 보여줍니다. 그는 취임식을 대신해 재난 현장 점검으로 임기를 시작했습니다. 책상 앞 서류가 아니라 시민의 숨소리가 들리는 현장에 답이 있다고 믿었기 때문입니다.

200회에 가까운 '이동시장실'을 통해 길어 올린 시민의 목소리는 파주의 지도를 바꾸고 있습니다. 전국 최초의 전 가구 난방비 지원, 학생 전용 통학버스 '파프리카' 운행, 전국 최대 규모의 지역화폐 발행 같은 혁신적인 정책들은 모두 시민의 삶 속에서 탄생한 결과물입니다.

“시민과 함께일 때 무서울 게 없다”라는 김경일 시장의 고백에서 저는 진정한 리더십의 본질을 봅니다. 혼자 가면 빨리 갈 수 있을지 모르나, 시민과 손을 맞잡고 걷는 길은 결코 지치지 않고 더 멀리 갈 수 있습니다.

이 책은 단순히 지난 4년의 기록이 아닙니다. 파주시민을 향한 뜨거운 진심이자, 더 큰 파주를 향한 약속입니다. 김경일 시장의 발걸음이 머문 기록을 따라가다 보면, 우리 시대에 필요한 ‘시민 중심’의 정치가 무엇인지 발견하게 될 것입니다.

뜻깊은 저서의 출간을 진심으로 축하드리며, 김경일 시장과 파주시민이 함께 그려갈 찬란한 미래를 열렬히 응원합니다.

부승찬
국회의원(경기 용인시병)

김경일 시장님은 궁금증을 자아내는 정치인입니다. 말을 잘하는 정치인은 많지만, 시장님처럼 세심하게 듣는 '경청의 달인'은 흔치 않기 때문입니다. 그의 정치적 소명과 목표가 도대체 무엇이기에 그토록 현장에 집중하는지 궁금하던 차에, 진심을 꾹꾹 눌러 담은 『시장실에 없는 시장』이 출간되어 무척 반갑습니다.

이 책은 김경일 시장님을 닮았습니다. 책장을 펼치면 시장님의 이야기보다 파주의 땅과 그곳에 뿌리내린 시민들의 삶이 눈에 들어옵니다. 파주의 풍경이 그려지고 시민들의 웃음소리가 귓가를 맴도는 듯한 착각마저 들 정도입니다. 자신을 내려놓고 오직 파주를 위해 일해온 그의 마음이 얼마나 넓고 깊은지 새삼 실감하게 됩니다.

파주를 향한 그의 열정은 그의 발걸음을 현장 속으로 이끌었습니다. 빠르게 성장하는 파주에 더욱 활력을 더하기 위해, 시장님은 현장을 치열하게 파고들었습니다. 현안이 있는 곳이라면 망설임 없이 달려갔고, 누굴 만나든 긍정의 에너지를 전파해왔습니다. 마치 파주를 위해 태어난 사람처럼 늘 파주시민 곁을 지켜왔습니다.

이 책은 파주의 밝은 내일을 위해 시민들과 한 땀 한 땀 써 내려간 '동행의 기록'이자, 파주의 미래 청사진이 담긴 '이정표'입니다. 시민의 목소리를 정책으로 꽃피워온 시장님의 열정과 애정이 문장마다 깊게 배어 있습니다. 파주를 향한 그의 지극한 정성과 열정이 궁금하신 모든 분들께 강력히 권합니다.

앞으로도 김경일 시장님은 한 번이라도 더 현장을 살피기 위해 시장실을 비우는 날이 많을 것입니다. 시민의 목소리를 듣고자 현장으로 달려가는 그의 진정성은 우리 지방자치가 나아가야 할 '소통의 표준'이 되기에 충분합니다. 김경일 시장님이 시민과 함께 그려나갈 파주의 빛나는 미래를 설레는 마음으로 응원하겠습니다.

강남훈
사)기본사회 이사장(한신대학교 교수)

김경일 파주시장의 책임감과 민생 현장을 중요하게 생각하는 마음, 시민을 향한 애정이 묻어나는 저서인 『시장실에 없는 시장』 추천사를 통해 독자 여러분께 인사드리게 되어 반갑습니다.

『시장실에 없는 시장』은 책 제목을 넘어, 김경일 시장을 상징하는 모습이자 그를 아는 모든 이들이 인정하고 공감하는 표현일 것입니다. 제가 봐온 김경일 시장은 망설임 없이 행동하는 리더이며, 누구보다 강한 추진력으로 결심한 것은 실천하는 행정가입니다.

시장실은 시장이 '보고를 받는' 공간입니다. 시장의 권위를 가장 크게 느낄 수 있는 공간이며, 시장의 존재가 수직적으로 돋보이는 곳입니다. 이러한 시장실을 박차고 나온 김경일 시장은, 시장의 역할과 책임이 중요한 민생 속으로 발걸음을 옮깁니다. 보고를 받는 대신 시민의 의견을 직접 경청하고, 시장의 권위를 내세우는 대신 시민을 위해 시장이 해야 하는 일에 권한을 내세웁니다.

그래서, 김경일 시장은 소탈하면서도 강합니다. 시민이 있는 곳으로 찾아가는 김경일 시장의 발걸음은 시민과 나란히 걷고 있으며, 그 걸음은 불가능의 벽이나 한계의 문턱에서 멈추지 않습니다. 길이 없다면, 길을 만들어 시민과의 동행을 이어갑니다. 평소, 김경일 시장을 잘 알고 있다 생각했지만 이번 저서를 통해 그가 생각보다 더 많이 그리고 더 오래 시장실에 나와 있었음을 알게 되었습니다. 시장실을 나온 시간 동안, 정말 많은 시민을 만나고 소통해 왔다는 것 또한 새삼 알게 되었습니다.

김경일 시장과 저는 '기본사회'로의 꿈을 함께 꾸고 있습니다. 기본사회 지방정부협의회 회장으로서 김경일 시장은, 우리 사회가 기본사회로 온전히 나아갈 수 있도록 중요한 역할을 하고 있습니다. 기본사회를 논의할 때마다 김경일 시장은 항상 시민을 말합니다. 그래서, 김경일 시장은 시장실을 나와 시민과 함께 고민하고 행동했던 경험들을 기본사회의 중요한 방향으로 삼고 있습니다. 개인적으로도 제 가장 큰 관심사가 기본사회인지라, 저서에서 기본사회를 다룬 내용들을 인상깊게 읽었습니다. 왜 기본사회인지, 어떻게 기본사회를 만들 것인지에 대한 김경일 시장의 생각과 추진력을 더 집중해서 읽어보길 권유드립니다.

김경일 시장의 『시장실에 없는 시장』이 독자 여러분께 뜻깊은 시간을 선사하기 바라며 끝으로 파주에, 그리고 파주시민의 일상에 기본사회가 더 큰 역할을 하길 기원합니다.

"시장실에 없는 시장이 되겠습니다. 저를 마음껏 이용해 주십시오"

취임식을 하루 앞둔 인수위원회는 분주했습니다. 일할 수 있는 기회를 주신 시민께 감사 인사를 드리며 첫걸음을 내딛는 모든 준비를 마쳤지만 제 입장은 확고했습니다. "취임식을 취소하고 현장으로 가겠습니다."

아직 코로나의 영향력이 남아있던 시기, 그칠 줄 모르는 폭우로 이중삼중으로 걱정과 피해 우려가 큰 시민께 달려가는 게 우선이었습니다. 취임식을 취소한 시장으로서 저의 공식적인 첫 일정은 현장 점검과 대책 회의였습니다.

현장으로 향했던 임기 시작의 첫 발걸음은, 이후 동일한 길을 꾸준히 걷고 달려왔습니다. 시민께서 바라는 파주의 더 나은 미래는 시민과 함께할 때만이 이뤄낼 수 있는 변화라 생각했기에, "다 만날 수는 없지만 더 만날 수는 있다"라는 마음으로 늘 시민이 계신 곳으로 향했습니다. 더 많이 듣고 더 오래 소통하는 시장, 늘 현장에 있는 시장, 언제나 시민이 최우선인 시장이 되고 싶었습니다.

그 초심을 지키며 쌓아온 시간이 바로 '시장실에 없는 시장'입니다.

시장실에 없는 시장은, '시민과 함께하겠다'라는 다짐이고 '민생에 답이 있다'라는 원칙입니다. 또한, 시장이 할 수 있는 일, 시장이 해야 할 일은 '시민의 삶 속에 있다'라는 기준입니다.

시장실에 없는 시장을 대표하는 활동이 임기 초부터 이어오고 있는 '이동시장실'입니다. 사실, 처음 이동시장실을 시작할 때만 해도 기대와 반응이 크지 않았습니다. 보여주기 이벤트로 금방 사라질 거라는 말씀도 들었습니다. 그러나, 200회 개최가 다가오고 있는 지금, 이동시장실은 파주의 살아 있는 아고라(agora)로 시민의 일상에 함께하고 있습니다.

이동시장실을 진행할수록, 이동시장실은 시민의 삶 더 가까이 그리고 더 깊숙이 자리했습니다. 처음 읍 · 면 · 동 단위로 참여했던 시민의 범위는 아파트 단지로까지 축소되며 실생활과 맞닿은 현안을 더 구체적으로 다뤘고, 더 나은 학교생활을 위해 이동시장실 문을 두드린 학생들과 머리를 맞대며 학교에 필요한 변화를 이뤄내기도 했습니다.

시민이 부르면 어디든 달려가는 이동시장실, 모든 직능 · 동네 · 연령이 주인공인 이동시장실의 의미는 시민과의 활발한 소통 창구에만 국한되지 않습니다. 전국 최대 규모 파주페이 발행, 전국 최초의 학생전용 통학순환버스 '파프리카' 운행, 파주시 최초의 기업박람회 개최의 공통점은 모두 이동시장실에서 나온 의견에서 시작되었습니다. 파주의 새로운 변화, 파주의 더 나은 변화를 시민과 함께 이뤄낸 것입니다.

이동시장실 뿐만이 아닙니다. 해답은 늘 시민에게 있기에 시장실에 없는 시장이 될수록 시장의 역할이 더 잘 보였고 책임감이 더욱 커졌습니다. 그래서, 시장실에 앉아 있기보다는 시민이 계신 곳으로 향하는 발걸음과 그곳에서의 역할을 언제나 가장 중요하게 생각했습니다.

이 책은 시장실에 없는 시장의 발걸음이 시민의 목소리를 나침반 삼고 시민의 바람을 따라 시민과 함께 나아간 기록입니다. 파주시 최초의 길도 있고, 마침내 시민의 염원이 다다른 길도 있고, 여전히 멈춤 없이 걸어가고 있는 길도 있고, 새롭게 걸어갈 길도 있습니다.

언젠가 이런 말씀을 드린 적이 있습니다, "저는 시민과 함께일 때 무서울 게 하나도 없습니다. 가지 않은 길일지라도 시민께서 바란다면 거침없이 질주하겠습니다. 하지만, 시민이 없다면 저는 아무것도 할 수 없습니다"

저는, 지금까지 그래왔듯 앞으로도 변함없이 시민과 함께할 것입니다. 제가 시민 여러분께 항상 드리는 말씀으로 이 책의 첫 장을 마무리하겠습니다.

"파주시민 여러분! 늘 존경하고 사랑합니다."

2026년 1월

김경일

| 차례 |

/

제3부

어디서든지 자유롭게! 파프리카가 달립니다(2024년)

/

/

제4부
오직 민생! 민생 올인(All 人)(2025년)

/

제1부
/
취임식을 취소하고 현장으로 갑니다
(2022년)

임기 첫 일정은 현장으로 향합니다

파주시장 취임식을 취소합니다. 파주시장으로서 첫걸음을 내디디며 시민 여러분께 더 큰 파주의 미래를 약속하는 순간도 뜻깊지만, 무엇보다 중요한 것은 시민분들의 안전과 오늘의 삶입니다.

먼저 취임식 취소에 대한 주민 여러분의 너그러운 양해를 정중히 바랍니다. 파주시장으로서 임기를 시작하는 공식적인 첫 일정으로 연일 계속된 폭우로 인한 자연재난대책점검 회의와 현장 점검을 진행했습니다.

현재 경기도 전역에 발령됐던 호우경보는 해제됐지만, 집중호우를 겪은 파주시민분들의 후유증과 우려가 큽니다. 피해가 발생한 현장에 대한 조속한 조치와 차후 발생할 수 있는 동일한 상황에 대한 대응이 우선적으로 이뤄져야 합니다.

현장이 가장 정확하고, 현장에 답이 있습니다.

정확한 상황 파악과 피해 복구를 위해 최선을 다하는 모든 공무원분들의 노고에 감사드리며, 현장에서 보다 오랫동안, 보다 꼼꼼하게 현황을 살펴봐 주시길 당부드립니다.

저 역시 막중한 책임감을 갖고, 파주시민의 안전을 위한 모든 행정적 조치에 힘쓰겠습니다.

시민이 계신 현장으로

파주시민분들을 찾아뵈며, 각 지역별 주요 현안과 숙원사업을 함께 점검하고 시민분들께 현장의 목소리를 듣는 일정을 진행합니다. 첫날은 조리읍·광탄면·법원읍·파주읍 시민분들과 함께했습니다. 경기도의원을 할 때부터 가장 중요하고 필요한 곳은 언제나 현장이었습니다. 늘 현장에 답이 있다는 것을 다시금 깨닫습니다.

오늘도 시민분들의 삶의 현장을 찾아뵙고 시민분들의 말씀을 듣습니다. 쏜살같이 지나가는 정신없는 일정이지만, 만나 뵈었던 시민 한 분 한 분의 소중한 의견과 현장에서 마주한 우리 파주시의 현안을 또렷이 기억합니다. 논의가 필요한 사안은 일정을 마친 즉시, 담당부서와 소통하며 검토를 진행하고 있습니다.

특히 오늘 방문에서는 코로나19 확산에 따른 행정조치에 주력하고 있으며 시민분들께서도 방역 수칙 실천에 함께해 주실 것을 말씀드렸습니다. 신규확진자가 증가함에 따라 시민분들을 찾아뵙기 전, 보건행정 부서와의 긴급대책회의를 주재했습니다. 코로나19 대응현황 점검 및 확산에 따른 우려를 예방하고 조치하는 행정적 방안에 적극 힘쓸 것을 주문했습니다.

시민분들의 불안과 걱정을 덜고, 우리 모두의 소중한 일상을 지켜내는 건, 지방정부의 핵심 역할입니다.

'경로(敬老)'의 뜻 그대로

한울마을 1단지 경로당의 문이 활짝 열렸습니다. 부모님을 생각하는 아들의 마음으로 한울마을 1단지 경로당의 개소를 깊이 축하합니다. 경로당은 어르신들이 서로 놀이도 하면서 이웃과 웃음과 정을 나눌 수 있는 소중한 공간으로서의 역할을 해왔습니다. 새로운 보금자리인 한울마을 1단지 경로당을 비롯하여, 경로당 이용의 불편은 없애고 만족은 높이는 데 필요한 사안을 계속하여 살펴나가야 할 것입니다.

'경로'의 뜻 그대로, 어르신을 공경하는 진심을 다해 우리 지역 어르신들께서 체감할 수 있는 맞춤형 복지의 필요성을 느낍니다.

어르신의 건강과 행복은 현재에만 국한되지 않습니다. 어르신께서 편안하고 즐거울수록 미래에 누리는 모두의 혜택도 더욱 커집니다.

오늘날, 어르신 1인 가구가 증가하며 사회적 관심과 복지서비스 구축의 중요성이 커지고 있습니다. 특히, 몸이 불편하신 어르신은 퇴원 후에도, 지속적인 의료적 돌봄이 이뤄질 수 있도록 공동체의 각별한 노력이 필요합니다.

우리 지역 어르신들께 든든한 아들 같은 파주시장이 되고 싶은 마음으로 늘 건강하시길 바랍니다.

전국 최초 드론을 활용한 옥외광고물 안전 점검

운정 이마트 주변 중심상가에 설치된 간판을 대상으로, 드론을 활용한 옥외광고물 안전 점검을 실시했습니다.

파주시는 옥외광고물 종합 평가에서 매년 수상을 기록하며 옥외광고 관리 분야를 선도해 오고 있습니다. 그리고 마침내 오늘, 전국 최초로 드론을 활용한 옥외광고물 안전 점검을 통해 디지털 기술과 연계한 행정서비스로의 뜻깊은 발전을 이뤄냈습니다.

오늘 안전 점검 현장에는 경기도청 건축디자인과와 마포구청 도시안전과 관계자분들께서도 함께해 주셨습니다. 파주시는 앞으로 시민의 안전을 지키는 관리 체계 구축 및 개발에 더욱 책임감을 가져야 할 것입니다.

사고 및 피해에 대한 빠른 대처도 중요하지만, 안전에 있어 최우선적으로 고려해야 하는 것은 예방입니다. 시민 여러분 일상에서의 잠재적 위험까지도 예방하는 드론 기술의 확대 및 발전을 실현하고, 나아가 4차 산업혁명의 핵심기술인 드론이 파주시 미래 성장 동력의 핵심이 되는 미래를 고민합니다.

드론 활용
파주시청
옥외광고물
드론촬영팀

든든한 행정을 함께 만들어 갑니다

파주시 주무관분들과 함께하는 유쾌하면서도 솔직한 대화의 장을 마련했습니다.

이날 자리에서는 다양한 주제와 분야에 대해 대화를 나눴습니다. 제 일상과 가치관 등을 말씀드리며 웃음꽃이 피었다가도, 파주시청 업무 공정성 실현 및 업무 환경 개선 방안, 교통 · 문화 등 파주시 주요 현안에 대한 정책 모색에 대해 서로의 생각을 가감 없이 주고받았습니다.

그동안 쌓은 경험과 실력을 자양분 삼아, 전문성과 책임감을 갖고 역할을 다하는 직원분들과 함께한 시간은 더없이 소중하면서도 특별했습니다. 앞으로도 제안하고 싶은 의견이 있거나 진솔한 대화가 필요할 때면 함께 생각을 나누며 공감대를 이뤄가길 바라는 마음을 전했습니다.

주신 의견을 적극 검토하여, 파주시 행정을 책임지는 직원분들께서 보다 나은 환경에서 근무하는 방안으로의 책임감을 느낍니다. 이를 통해 시민께서 더욱 만족할 수 있는 행정 발전이 이뤄진다면 좋겠습니다.

글로벌 바이오메디컬 산업을 선도하는 파주를 꿈꾸며

파주메디컬클러스터 내 마이애미대학교 의과대학 R&D센터를 건립하고 공동연구 협력체계를 구축하는 업무협약을 체결했습니다.

국립암센터 혁신의료연구단지 조성 협약 체결에 이어, 세계 최고 수준의 연구 역량을 갖춘 마이애미대학교 의과대학과의 업무협약은 파주메디컬클러스터의 역량과 경쟁력을 더욱 높이는 뜻깊은 순간입니다.

마이애미대학교 의과대학에서도 파주시와의 업무협약에 큰 기대감을 보인 만큼, 적기에 마이애미 의과대학 R&D센터가 입주하고 보다 값진 연구 성과를 이뤄내길 기대합니다.

파주메디컬클러스터 조성사업은 중앙토지수용위원회 심의를 통과하며 사업인정 협의를 마쳤습니다. 이를 기반으로 파주메디컬클러스터가 성공적 추진을 이루길 희망하며, 바이오메디컬 산업을 선도하는 자족도시 파주로의 미래를 꿈꿉니다.

-재난안전대책본부-
8.8.~10일 집중호우 긴급대책회의
2022. 8. 9.(화) 13:00
시민중심
더 큰 파주
재난안전대책본부장
시장 김경일

안전이 최우선입니다

집중호우로 인한 피해 후유증이 여전한 상황에서, 계속하여 강한 빗줄기가 종일 쏟아지고 있습니다. 현 피해를 최소화하고 잠재적 피해를 예방하기 위해서는, 정확한 현황 파악과 대처 가능한 사안에 대한 조치가 선제적으로 이뤄져야 합니다.

이에, 오전부터 피해 현장 곳곳을 찾았습니다. 피해 상황 및 복구 방안을 검토하고, 걱정으로 밤을 지새운 시민분들께 진심 어린 위로의 말씀을 드렸습니다.

수해 현장에는 여러 담당 부서가 동행하여 안전 우려, 하천 범람, 시설 파손 등 피해 사항에 따라 각 부서에서 대처 가능한 사안은 즉각적인 조치를 취했습니다.

오후에는 전날에 이어 '집중호우 긴급대책회의'를 주재하며, 각 읍면동으로부터 피해 내역을 보고 받고, 주요 대처 사항과 향후 계획을 논의했습니다. 아울러, 피해가 유독 심한 곳은 원인을 분명히 찾아 동일한 문제가 발생하지 않도록 대책 마련에 힘쓸 것을 주문했습니다.

무엇보다 시민분들의 안전이 최우선입니다. 조속히 피해를 극복하고 추가적인 피해가 발생하지 않도록, 시민 여러분의 일상 가장 가까이서 함께 하며 상황을 주시하겠습니다.

시민과 함께 뛰겠습니다

예정된 휴가를 앞당겨 마치고 업무로 복귀했습니다.

짧은 휴가 기간이었음에도 어느새 쌓인 업무와 현안 등을 검토하고, 신교하농협 착공식과 문산읍 주민총회에 참석했습니다.

삶의 터전인 현장에서 시민분들을 만나 뵙는 순간은 늘 소중하고 뜻깊습니다. 더 많이 듣고 더 많이 뛰며, 늘 시민 여러분의 목소리를 듣겠습니다.

할 일이 많습니다. 해야 할 많은 일들이 파주시 변화와 발전으로 이어진다는 생각이, 설렘과 기대 그리고 강한 책임감으로 이어집니다.

운정호수공원 음악분수 첫 공연

드디어 운정호수공원 음악분수가 모든 준비를 마치고 파주 시민분들께 첫 공연을 선보였습니다.

무더위의 열기가 남아있는 여름 저녁이었지만, 운정호수공원을 찾은 시민분들의 얼굴에는 어둠을 밝히는 시원한 물줄기보다도 더욱 환한 미소가 가득했습니다.

함께한 시민분들의 모습을 통해 일상이 지닌 힘을 새삼 체감합니다. 소중한 분들과 함께 운정호수공원 음악분수 공연을 즐기는 저녁이 파주시민 여러분의 일상이 되었듯이, 소리천을 비롯한 파주시의 수변 공간이 더욱 편하고 아름다운 쉼터로 발전하는 친수공간 조성의 필요성을 느낍니다.

운정호수공원의 음악분수 공연 덕분에 아름다움과 즐거움이 공존하는 특별한 순간을 시민 여러분과 다 같이 즐길 수 있었습니다. 함께한 시간들이 벌써부터 행복한 추억으로 기억되고 있습니다.

더위와 바쁜 하루에 지친 몸과 마음을 위로하고 오랫동안 잊지 못할 멋진 광경을 만끽하고 싶다면, 운정호수공원 음악분수 공연 어떠신가요?

통일촌 입주 50주년

통일촌 입주 50주년을 기념합니다. 통일을 염원하는 애틋한 마음으로, 주민분들께서 이곳 파주시 장단면에 삶의 뿌리를 내린 지도 어느덧 반세기가 흘렀습니다.

마을을 일궈 온 주민분들 및 마을을 지켜 온 1사단 군부대와 통일촌의 역사를 되돌아보며, 통일촌의 희망찬 미래를 꿈꾸는 순간을 함께했습니다.

고향을 눈앞에 두고도 갈 수 없었던 통일촌 주민분들의 서글픔을 되새기며, 평화의 가치와 의미를 생각합니다. 비극적인 전쟁의 역사와 상처는 남과 북을 가른 서슬 퍼런 철조망이 상징하듯 아직 완전히 치유되지 못했습니다.

그러나 분단과 갈등으로 인해 결코 맞잡을 수 없을 것 같은 손이 합쳐진 6 · 15 남북공동선언이 증명하듯, 화합의 길로 나아가기 위한 의지와 노력이 강할수록 평화는 가까워집니다.

통일촌에서 국민 모두에게 희망과 감동을 선사했던 6 · 15 남북공동선언의 역사를 떠올립니다. 평화 번영을 실현하기 위한 파주시의 역할, 파주시가 이뤄낼 평화의 역사적 가치는 결코! 작지 않을 것입니다.

통일촌 입주 50주년의 뜻깊은 날을 기억하며 통일촌 주민분들의 건강과 행복을 늘 기원합니다.

世界平和
南北統一
祈願一鵬詩碑
경 축
통일촌 입주 50주년 기념식
일시: 2022년 8월 21일

친수도시 파주

공릉천, 문산천, 뫼골천, 금촌천, 분수천, 갈곡천 등 파주시 내 6개 하천의 친수공간 활용 방안을 모색하고 사업 계획을 수립하기 위한 중간보고회를 개최했습니다.

각 하천의 현황을 분석하며, 하천별 집중 보완 내용 뿐만 아니라 개별 하천들이 우리 지역의 역사 · 문화 자원과 연계하여 차별화된 친수공간으로 거듭날 수 있는 방안에 대해 집중적으로 논의했습니다.

고인 물은 썩지만 흐르는 물은 생태계에 활력을 불어넣듯, 친수하천 조성사업은 지역문화와 시민분들의 여가를 책임지는 우리 파주시의 새로운 물결이 될 것이라 기대합니다.

수질 개선뿐만 아니라, 주변 경관 및 시설과 어우러진 친수지구 조성사업을 통해 많은 방문객이 찾는 관광지로서의 명성을 넘어, 다양한 생명체들이 삶을 이뤄가는 친환경 도시 '친수도시 파주'를 기대합니다.

앞으로 시민분들의 의견과 관련기관과의 협의를 토대로 기본계획을 보완하며 최종계획을 수립할 예정입니다. 많은 관심과 조언 바랍니다.

친수공간 조성사업을 통해 환경은 살리고, 기존 공간은 시민분들을 위한 힐링 공간으로 새롭게 태어나길 기대합니다.

접경지역의 한계를 넘어 기회를 만들어야 합니다

파주시 LG디스플레이에서 접경지역 시장·군수 협의회 정기회의를 개최했습니다.

우리 파주시를 비롯하여 강화, 옹진, 김포, 연천, 철원, 화천, 양구, 제, 고성 등 10개 접경지역의 단체장님 및 부단체장님과 함께 지역 특수성으로 인한 현안을 공유하고, 협치를 기반으로 상생발전을 이뤄나가야 한다는 하나 된 마음을 확인했습니다.

우리 파주시는 군사시설 보호구역 지정에 따른 어려움 속에서도 LG디스플레이를 비롯한 첨단 산업단지 유치, 신도시 개발 및 도시재생사업 추진, 매년 500만 관광객이 방문하는 관광명소로서의 성과를 이뤄내며 인구 50만의 대도시로 성장했습니다.

그러나 군사시설 보호구역 지정 및 군사 규제 등 각종 중첩 규제는, 100만 자족도시로 나아가는 파주시의 미래를 위해 반드시 개선되어야 합니다. 그동안 파주시는 국가안보를 위해 많은 희생을 감내해 왔습니다. 이제는 파주시를 비롯한 접경지역에 대해 군사시설 보호구역 지정범위의 합리적인 조정 및 규정 완화가 이뤄져야 합니다.

많은 제약 속에서도 접경지역의 한계를 딛고 의미 있는 성장을 달성한 파주시는 여전히 무한한 발전의 가능성을 품고 있는 만큼, 더 큰 도약을 위한 기회를 만들 수 있습니다. 접경지역의 한계를 넘어 새로운 기회를 만드는 길을 고민합니다.

세상에 하나밖에 없는 손수건

아주 특별하고 소중한 선물을 받았습니다.

일정 중에 뵙게 된 시민분께서 주신 꽃자수를 놓은 손수건입니다.

땀이 많아 항상 손수건을 들고 다니는 저를 보고, 응원하는 마음을 가득 담아 손수건에 꽃자수를 놓으셨다고 합니다.

오직 저를 위해 만든 손수건을 건네며 주신 '세상에 하나밖에 없는 손수건'이라는 말씀이 가슴 깊이 남습니다.

응원과 격려가 담긴 손수건을 늘 가슴과 가까운 주머니에 넣고 다니며, 더욱 부지런히 땀 흘리겠습니다. 흘린 땀을 닦고 다시 땀 흘리기를 주저하지 않겠습니다.

꽃자수가 제게 힘을 북돋울 것이며, 저 역시 시민 여러분과 함께 땀 흘리며 밝은 미래를 향해 앞으로 나아가겠습니다.

공영주차장 확충이 지역상권 활성화로!

금촌로터리 공영주차장 조성 현장에서 공사계획을 검토하고 인근 주민분들께 의견을 듣는 현장간담회를 진행했습니다.

현장에 함께해 주신 주민분들의 의견을 반영하고 공사 과정을 면밀히 검토하는 노력이, 공영주차장 조성이 상권활성화 및 편의성 증가에 더욱 기여하길 바랍니다.

파주시 내 주차 편의성을 강화하기 위한 주차장 추가 확보 방안은 꾸준히 고민해야 할 사안입니다.

파주시 인구가 갈수록 증가하는 현실에 발맞춰, 필요한 도시 인프라를 선제적으로 갖추는 과정이 선행되어야 할 것입니다.

지역상권이 늘 인파로 북적이길 소망하며, 보다 쾌적하고 안전한 파주를 기대합니다.

대화가 없으면 평화도 없다

역사적인 판문점선언 '9 · 19 남북군사합의' 4주년을 기념합니다.

4년 전인 2018년, '군사적 긴장 상태를 완화하고 신뢰를 구축하는 것이 항구적이며 공고한 평화를 보장하는데 필수적이다'라고 남북이 합의했습니다.

특히 파주는 한반도의 평화와 번영, 통일을 위한 군사적 긴장 완화가 절대적으로 필요한 곳입니다.

그동안 남북군사합의 이행이 지지부진하여 왔다는 점은 이루 말할 수 없이 안타깝습니다. 마침 국회 한반도평화포럼 주최로 '9 · 19 군사합의 4주년 기념 토론회'를 개최합니다.

9 · 19 합의를 이끌었던 문재인 전 대통령은 서면 축사를 통해 "대화가 없으면 평화도 없다. 모든 대화의 출발점은 신뢰"라 하시며 "신뢰는 남북 간 합의한 약속을 지키는 데서부터 시작될 것"이라고 말씀하셨습니다.

한반도 평화와 비핵화는 한순간도 포기할 수 없는 겨레의 숙원입니다.

파주는 평화가 경제고, 생존이며, 발전입니다.

건강한 급식은 선택이 아닌 필수입니다

'친환경 우수농산물 학교급식 활성화' 이행을 위해, 현재 친환경 학교급식을 시행 중인 파주여고에서 현장간담회를 진행했습니다.

파주여고 및 교육지원청, 친환경농업인연합회 관계자분들과 함께 학교급식 운영 현황 및 현장 의견 등을 공유하고 공급 확대 및 만족도 증가를 위해 필요한 사안 등을 논의했습니다.

무엇보다도 매일 학교급식을 이용하는 파주여고 학생 대표께서 함께해 준 만큼, 당사자의 생생한 의견을 들을 수 있었습니다.

자라나는 학생들을 위한 건강한 먹거리 환경 조성은 선택이 아닌 필수입니다. 급식은 학생들이 매일 먹는 주식이자, 미래로까지 이어지는 식습관이기 때문입니다.

안전하고 맛있는 친환경 급식을 먹고 있어 만족도가 높다는 학생 여러분의 목소리를 통해, 친환경 우수농산물 확대에 필요한 역할과 책임을 다하겠다는 의지가 더욱 확고해졌습니다.

아울러 학교 환경 개선을 위해 파주여고 학생회장단께서 주신 의견을 적극 검토하겠습니다.

학생 여러분의 건강과 꿈을 늘 응원합니다!

친환경 우수농산물 학교급식 활성화를 위한
친환경 학교급식 간담회
● 일시 : 2022. 9. 19.(월) 11:00 ● 장소 : 파주여자고등학교
시민중심 더 큰 파주
PAJU

신재생에너지가 활성화된 미래도시 파주

한국남부발전과 '파주시 신재생에너지 발전사업 공동개발 업무협약'을 체결했습니다.

파주시는 전국 최초로 농촌상생형 연료전지 발전사업을 지역 내에 성공적으로 실현하는 등 신재생에너지 분야 사업을 선도적으로 추진해 왔습니다. 또한 5년 연속 한국에너지공단의 신재생에너지 융복합지원 공모사업에 선정되는 등 가시적인 성과를 이뤄왔습니다.

사용 전력의 100%를 재생에너지로 충당하겠다는 다국적 기업들의 자발적 약속인 'RE100'이 국제적 흐름이듯, 신재생에너지 생산 및 활용은 선택이 아닌 필수입니다. 이에, 파주 역시 신재생에너지 거점도시로 발전하기 위한 경쟁력을 키워가며 다가오는 미래를 준비해야만 합니다.

협약식을 기반으로, 앞으로 파주시가 공공 유휴부지를 활용한 신재생에너지 발전시설 구축, 파주형 에너지 자립 산업단지 인프라 구축, 농촌상생형 연료전지 융복합 사업, 미래에너지 교육을 통한 미래인재 육성 등 다방면에 거쳐 신재생에너지 신규사업을 추진할 동력을 얻길 기대합니다.

파주시 신재생에너지 신규사업 개발 및 발전을 위해 뜻깊은 동행을 결정한 한국남부발전에 깊은 감사를 드립니다. 신재생에너지가 활성화된 미래도시 파주시를 기대합니다.

이동시장실을 시작합니다

이동시장실의 첫 문을 열었습니다. 이동시장실은, 시민 여러분의 목소리를 듣고자 시민분들이 계신 곳으로 찾아가는 소통과 교류의 시간입니다.

늘 현장에 답이 있고 시민분들의 일상과 생각에서 파주시 미래의 방향이 있다고 생각합니다. 이에, 수시로 시민분들과 의견을 나누며, 시민이 바라는 더 나은 파주를 함께 만들어가는 새로운 길을 열고자 합니다.

한 번에 끝나는 일정이 아닌 임기 내내 이동시장실을 운영하며 지난 모임 때 주신 말씀은 검토 의견을 드리고, 새롭게 주신 의견은 귀 담아 듣는 연속성을 이루겠습니다.

수많은 사람이 토론을 통해 해답을 찾고자 모였던 고대 그리스의 아고라 광장이 민주주의의 상징이 되었듯이, 이동시장실이 파주시의 더 나은 미래를 이야기하는 소통과 화합을 이룰 수 있도록 많은 관심과 참여를 바랍니다.

함께해 주신 시민분들께 깊은 감사를 전합니다.

이동시장실은 앞으로 계속됩니다.

시민중심 더 큰 파주
화목한
야간 시장실
김경일

청년다움이 빛나는 파주시 〈제1회 파주시 청년정책협의체〉

제1기 파주시 청년정책협의체에서 준비한 정책제안회에 함께 했습니다. 그동안 청년 문제 및 청년 정책 등에 대한 논의와 시도는 있었지만, 당사자인 청년의 참여가 미비했다고 생각합니다.

청년의 현안은 청년이 가장 잘 압니다. 청년이 직접 만드는 정책이, 청년이 바라는 미래를 만들 수 있습니다. 청년정책협의회에서 제안한 정책안 모두가 더욱 뜻깊습니다.

청년의 날을 기념하며 처음으로 '파주 청년희망축제'를 개최한 뒤에 이어, 올해 발족한 제1기 청년정책협의체가 처음으로 청년정책을 제안했습니다. 첫걸음을 내디딘 결과보다도, 청년과 함께하는 파주시의 발자취가 본격적으로 시작되었다는 과정에 더 큰 의미가 있습니다.

청년이 원하는 변화를 스스로 만들어가는 기회를 더욱 넓혀가며, 청년다움이 더욱 빛나는 파주를 꿈꿉니다. 청년과 소통하는 행정, 청년을 위한 맞춤형 정책이 실현되는 변화를 기대합니다.

청춘의 열정을 아낌없이 발휘한 제1기 청년협의체의 그동안 활동에 깊이 감사드립니다.

청년 여러분, 앞으로의 모든 순간을 응원합니다.

철저하게 막겠습니다

아프리카돼지열병(ASF)이 발생했습니다.

신속한 대처를 위해 긴급대책회의를 소집했습니다.

농업기술센터에서 현황을 보고받으며, 필요한 행정적 조치에 총력을 다할 것을 강조했습니다.

저녁에는 ASF 거점 소독시설 현장을 점검하며, 밤새 소독을 책임질 담당자분들의 노고를 격려했습니다.

현장에서 필요한 부분에 대한 적극적인 지원을 약속하며, 소독과 방역에 적극 힘써주실 것을 말씀드렸습니다.

철저한 방역과 확산 방지를 위해 방역대책상황실을 운영하며, 축산농가의 피해를 최소화하겠습니다.

시민 여러분께서도 이동에 각별히 유의하시어, 확산 방지를 위한 통제와 조치에 힘을 실어주시길 바랍니다.

모두를 웃게 하는 축제의 힘

파주시 축제 곳곳에서 시민분들과 함께한 하루를 마무리합니다.

교하 마을잔치 한마당을 시작으로, 통일동산 관광특구 대축제, 파주시 청소년 문화거리 축제, 파평 코스모스 축제, 문산거리 축제, 파주 헤이리 판 아트 페스티벌이 무대였습니다.

오랜 기다림 끝에 맞이한 축제인 만큼, 웃음과 즐거움이 가득했던 순간이었습니다.

많은 시민분들께서 모인 공간에서 받은 느낌은, 활력이 넘치는 '행복'이었습니다. 축제의 힘을 체감하며, 문화적 기회 확대의 필요성을 생각합니다.

시민의 만족도가 높은 지역, 파주시로의 발걸음이 만든 지역경제 활성화, 지역경쟁력을 높이는 파주시만의 브랜드 구축 모두! 문화를 통해 이뤄낼 수 있습니다.

시민중심의 더 큰 파주를 위해 다양한 문화를 지속적으로 확산하고, 지역별, 세대별 맞춤형 문화가 발전하는 파주시를 기대합니다.

저물어가는 하루의 끝에서, 오늘 만끽한 문화적 즐거움을 되새깁니다. 함께해 주신 시민 여러분 모두에게 감사드립니다.

제2회
교하잔치한마당

더 쾌적하고 안전한 주거를 위해

파주시아파트연합회와의 간담회 및 건의사항에 대한 현장점검을 진행했습니다.

오늘날 주거 문화의 특징 중 하나가, 유사한 생활권에서 서로에게 영향을 끼치며 함께 살아가는 '공동주택'을 이루고 있다는 것입니다. 하나의 건축물 안에서 독립된 주거생활을 이루는 아파트 역시 공동주택입니다.

아파트에 거주하시는 시민분들의 거주환경과 생활권은 거의 같기에, 파주시아파트연합회의 건의사항은 많은 시민분들께서 겪는 애로사항이자 해결 방안이 필요한 현안이라고 생각합니다.

아파트 인근에서 발생하는 건강 및 안전 우려, 일상에 피해를 끼치는 소음 문제, 더 나은 생활을 위해 개선이 필요한 사안 등 현장에서 주신 말씀들을 꼼꼼히 살피겠습니다. 시민과 함께 더 쾌적하고 안전한 주거환경을 만드는 책임감을 다시금 크게 느낍니다.

2022년 대한민국 도시대상의 주인공은 파주입니다

파주시가 '2022년 대한민국 도시대상'에서 국토부장관상을 수상했습니다.

전국 229개 시 · 군 · 구 지자체를 대상으로 진행된 만큼, 지원체계부문 중소도시 1위 지자체로 선정된 결과가 더욱 뜻깊습니다.

모두의 노력이 이뤄낸 값진 성과입니다. 파주시의 지속가능한 발전을 비롯하여 공간의 잠재력과 경쟁력을 높이는 도시재생 등 다양한 도시정책을 개발하고 실현한 노고에 감사드립니다.

파주시는 아직 이뤄내야 할 변화가 많습니다.

동시에, 파주시는 변화를 만들 힘이 있음을 확신하며, 더욱 막중한 책임감을 느낍니다.

그동안의 발자취를 통해, 더 나은 미래로 나아가는 발걸음이 중요합니다.

더 큰 파주를 함께 기대합니다!

마장호수 순환형 산책로 조성

마장호수 '순환형 산책로' 조성사업이 준공됨에 따라, 정식 개통을 앞두고 현장 점검을 실시했습니다.

주변 녹음과 어우러져 계절마다 색다른 아름다움을 선사하는 마장호수는 탁 트인 자연의 경관을 만끽할 수 있는 파주시의 대표적인 명소입니다.

자연의 품속을 거니는 아늑함과 더불어 긴 출렁다리를 건너는 재미가 가득한 마장호수이지만, 산책로가 끊어진 구간으로 인해 갔던 길을 다시 되돌아와야 하는 불편함과 안전의 우려가 있었습니다. 그러나 이제 산책로가 단절된 구간을 연결하여 마장호수를 방문한 모든 분들께 더 큰 만족도를 선사할 '순환형 산책로'의 개방을 앞두고 있습니다.

특히 둘레길 형태로의 순환형 산책로는 안전과 볼거리에 특화된 만큼, 관광명소로서 더욱 발돋움하는 마장호수의 미래를 기대합니다.

파주시의 대표적 명소가 될 마장호수, 계절마다 다양한 색채를 띠는 마장호수에 파주 시민 모두를 초청합니다.

군관 상생 발전을 위해 두 손을 맞잡습니다

25사단과 9사단 방문간담회에 이어, 1군단에 방문하여 군관 상생발전협의회를 진행했습니다.

함께의 가치를 담고 있는 '상생'을 실현하기 위해, 파주시와 1군단이 협업을 통해 상호 간의 발전을 이룰 수 있는 방안을 논의했습니다.

경기 북부의 안보를 책임지며 관할하는 1군단은 파주를 위한 중요한 파트너입니다.

이날 자리에서는 파주시의 역점사업과 주요 현안이 원활히 추진될 수 있도록 1군단장님 및 군관계자분들의 지원과 협조를 말씀드렸고, 1군단의 요청사항 등에 대해 적극적으로 협력할 것을 약속드렸습니다.

파주시와 1군단의 지속적인 파트너십 구축과 활발한 소통이 시민을 위한 상생발전으로 이어지길 바랍니다.

국가와 국민의 안보를 위해 늘 최선을 다하는 이두희 군단장님과 천하제일 광개토부대 1군단의 헌신에 깊이 감사드립니다.

학생 여러분이 안전하고 학부모께서 안심할 수 있도록

와석초등학교 등교 시각에 맞춰 현장 점검을 진행했습니다.

와석초등학교 통학버스 구간 현장을 확인하여 교통상황을 살피고, 야당동 교육 현안에 대한 의견을 논의하기 위함이었습니다.

학생들의 통학은 안전과 직결된 만큼 세심한 관리와 조치가 선행되어야 합니다.

또한 통학은 학교에서 집까지 이동한다는 의미를 넘어 학생들의 학습권과 연관된 교육 현안입니다.

현장 점검과 학부모님들께서 주신 의견을 기반으로, 불편함은 줄이고 안전은 반드시 이뤄지는 아이들의 통학환경 조성의 필요성을 더 크게 체감합니다.

파주 학생들의 미래가 곧 우리 파주의 미래니까요.

파주시농협쌀조합공동사업법인
NH NongHyup
한수위 파주쌀
파주시농협쌀조합공동사업법인
031)954-2696
경 한수위 파주쌀 한수위 파주쌀 미국(뉴욕)수출 축
2022. 11. 8.(화) 파주시 · 파주시농협쌀조합공동사업법인 · 경기무역공사
PAJU

한수위 파주쌀이 세계로 나아갑니다

파주시의 자랑스러운 특산품 '한수위 파주쌀'이 호주 수출에 이어 미국으로의 활로가 개척되었습니다.

쌀은 농업의 근간이며 농가의 핵심입니다. 한수위 파주쌀 소비 촉진을 위해 업무협약을 체결하고 홍보를 진행하는 등 지속적인 노력을 해오던 중, 한수위 파주쌀이 해외 수출을 이뤄 더없이 기쁩니다.

뉴욕 등 미국 동부지역에서 판매 예정인 한수위 파주쌀이, 바다를 건널 준비를 마친 모습에 더없이 큰 기쁨과 뿌듯함을 느낍니다.

맛과 건강을 동시에 챙기는 한수위 파주쌀이 세계인의 입맛을 사로잡는 가까운 미래를 상상합니다. 한수위 파주쌀의 소비활성화와 파주시 농가 발전을 위한 더 큰 역할을 할 수 있도록 농가의 목소리에 더욱 귀 기울이겠습니다.

K-Culture가 전 세계에 맹위를 떨치는 가운데, 한수위 파주쌀 역시 전 세계인의 입맛을 사로잡기를 기대합니다.

뜻깊은 성과를 이뤄낸 모든 파주시 농가 여러분께 감사드리며 늘 함께하겠습니다.

찾아가는 기업인 이동시장실

현장 중심의 적극적인 소통 행정을 실현하기 위해, 시민분들의 목소리를 듣는 '찾아가는 이동시장실'을 진행하고 있습니다.

파주시의 각 읍 · 면 · 동에서 이동시장실을 진행하던 중, 분야별 현안을 중점적으로 소통하는 별도의 이동시장실이 필요함을 느꼈습니다.

이에, 어제 광탄면에 위치한 기업을 방문하여, 광탄면기업인협의회와 함께 '기업인 이동시장실'을 시작했습니다.

공장에서의 제조 과정을 살펴보고, 다양한 분야에서 기업을 운영하고 계신 기업인 여러분과 함께하는 시간은 기대했던 것보다도 훨씬 뜻깊었습니다.

생업 현장의 최일선에서 책임을 다하며 우리 파주시 지역경제에 중요한 역할을 해주고 계신, 기업인 여러분의 많은 의견과 제안이 큰 힘이 되었습니다. 주신 말씀은 꼼꼼히 검토하며, 기업하기 좋은 파주시를 위한 고민을 깊이 이어가겠습니다.

파주시 지역경제가 더욱 발전하길 바라는 마음으로, 기업인 이동시장실 역시 앞으로 계속됩니다.

부르미 버스 운영 개선 및 확대방안 논의

경기도 최초 수요응답형버스(DRT)인, 부르미버스 운영 개선 및 확대 방안을 위한 현장간담회를 개최했습니다.

부르미버스를 운영하고 있는 운수종사자분들과 시민분들과 함께 현장의 목소리를 나눴습니다. 민경선 경기교통공사 사장님께서도 부르미버스 현안 논의에 함께해 주셨습니다.

파주시는 도농복합도시의 모습과 더불어, 서울시와 안양시를 합친 규모의 거대한 면적으로 인한 교통 사각지대가 있습니다.

이에, 시민분들께 보다 편리한 교통 편의를 제공하기 위한 수단으로 작년 12월부터 부르미버스를 운행하고 있습니다.

지난 취임 100일 기자회견에서 교통 분야를 제일 먼저 말씀드리며, 대중교통의 공공성 및 편의성 강화의 필요성을 강조했습니다.

더 많은 시민분들께서 더 편하게 부르미버스를 이용할 수 있으려면 확대 운영 방안 등을 비롯해 시민 여러분의 목소리를 듣는 기회가 더 많아져야 할 것입니다. 편리한 교통의 성과는 시민분들께서 체감하는 변화라는 기준을 다시 새깁니다.

함께하는 파주, 희망을 나눕니다

'2023 파주사랑! 희망나눔!' 모금방송에 함께했습니다.

시민회관 대공연장에서 열린 생방송 현장에는, 고액기부자분들과 모금 참여 기관 등 꾸준히 나눔을 실천해 오고 계신 분들께서 함께해 주셨습니다.

함께하는 더 나은 공동체를 바라는 마음으로 파주시도 뜻깊은 모금에 동참했습니다. 파주시 복지예산은 전체 예산 중에서도 큰 비중을 차지하고 있는 만큼, 일상에 기여하는 탄탄한 복지정책의 역할이 매우 중요합니다.

뿐만 아니라, 복지사각지대 해소와 더불어 파주시 복지 발전을 이뤄내기 위한 재정적, 행정적 노력 역시 놓쳐서는 안 될 것입니다.

바자회가 운영 중인 나눔부스에서 고생하는 직원들을 위한 선물을 구매했는데 반응이 좋아 뿌듯합니다. 주는 사람이 더 행복한 나눔의 미학을 느낍니다.

줄수록 더 커지는 행복을 시민 여러분께서 함께 만들어주시길 바랍니다.

2023
파주사랑
희망나눔
2023 파주사랑! 희망나눔!
탄현면기업인협의회
26,570,000원
2023 파주사랑! 희망나눔!
파주상공회의소
151,609,690원

미래로 나아가는 원동력 〈파주형 수소 · 전기차량 충전소〉

파주형 수소 · 전기차량 충전소 착공식이 열렸습니다.

파주읍 봉서리에 조성 예정인 파주형 수소 · 전기차량 충전소는 기존 승용차용 수소충전소보다 무려 12배가 큰 규모를 자랑할 뿐만 아니라, 시간당 수소버스 15대 충전이 가능한 대용량 충전소입니다.

또한 전기차 충전소에 설치 예정인 초급속 충전기는 20분 내외로 차량의 80%가 충전되는 획기적인 기술력을 지니고 있습니다.

이를 통해 그동안 인근의 고양시와 서울의 충전소를 이용할 수밖에 없었던 시민분들의 불편 해소에 기여함과 동시에, 파주시의 수소차, 전기차 보급 확대에도 큰 역할을 할 것이라 기대합니다.

파주가 미래로 나아가는 원동력은 환경과 공존하는 지속가능한 경제입니다. 에너지 소비는 자원 고갈과 환경 파괴로 귀결될 수밖에 없다는 기존의 결과를 넘어, 에너지 생산부터 소비까지의 과정이 곧 미래로 연결되는 새로운 길을 생각합니다.

그 시작이라 할 수 있는 파주형 수소 · 전기차량 충전소의 차질 없는 준공과 지속적인 확대를 위한 행정적 역할이 우선입니다.

오직 시민만을 위한 파주

내년도 파주시 주요 현안사업 추진을 위한 국비 6,524억 원을 확보했습니다. 당초 정부안보다 68억 원 증액된 예산입니다.

그동안 국회 예결위원장님 및 예결위원님들을 찾아뵙고 파주시 현안사업을 설명드리는 과정에서, 예산 증액 필요성에 많은 공감을 주셨습니다.

이번에 확보한 사업비는, 예산편성 설문조사에서 시민분들께서 가장 바라는 분야였던 도로 · 교통 사업인 GTX-A, 고속도로건설사업 등에 5,724억 원이 편성됐습니다.

또한, 시민분들의 더 나은 삶에 직접적으로 기여하는 문화 · 체육 · 보건 · 관광 분야도 136억 원의 사업비를 확보했습니다.

정부예산이 통과되는 마지막 순간까지, 파주시 국비 확보를 위해 애써주신 윤후덕 국회의원님과 박정 국회의원님께 깊은 감사의 말씀을 드립니다.

오직 시민만을 위한 시정으로, 시민분들께서 체감하는 확실한 변화와 성과를 이뤄내는 변화가 답입니다.

제2부

/

전국 최초로 전 가구에 난방비를 지원합니다

(2023년)

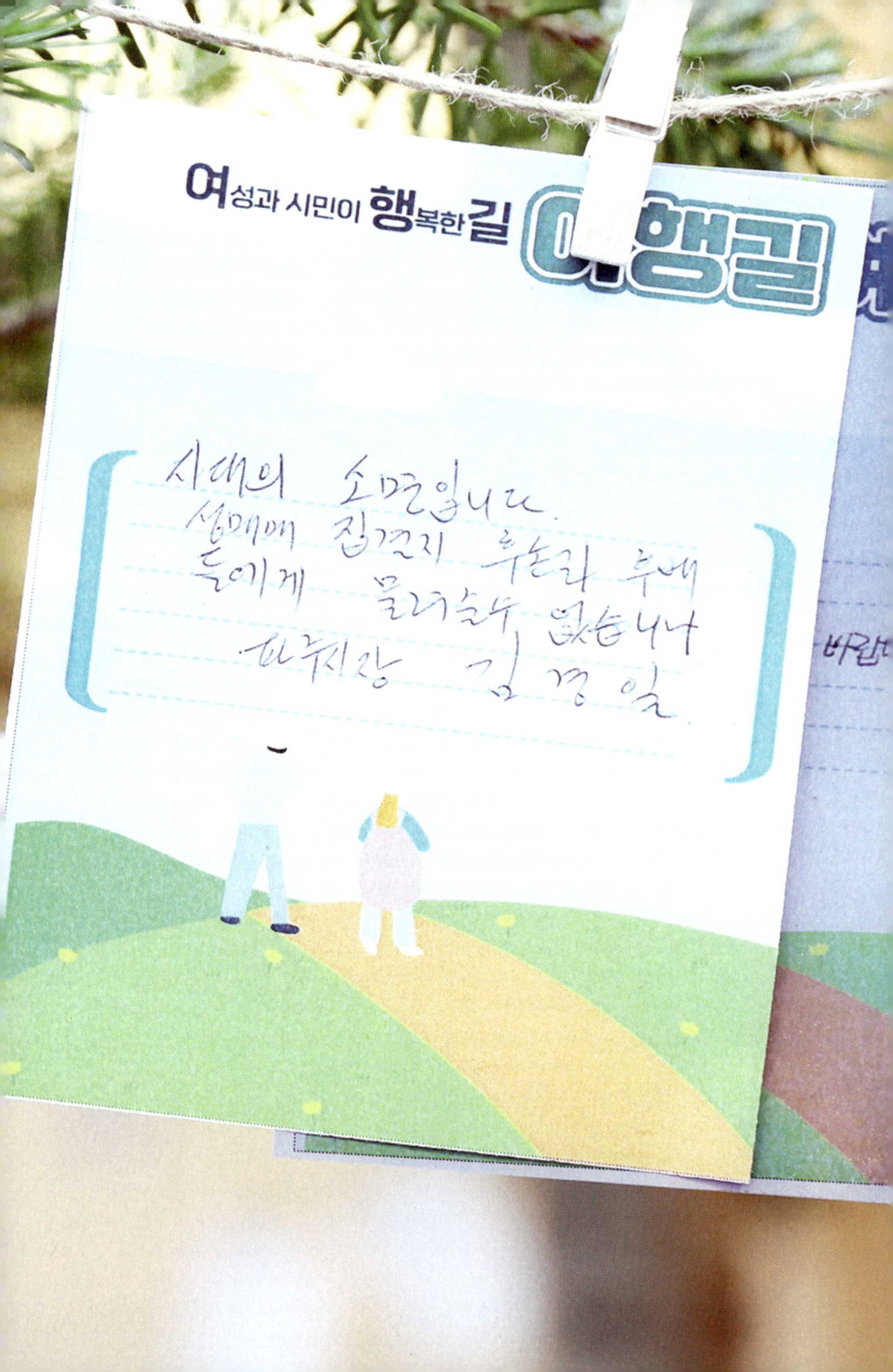
여성과 시민이 행복한 길
시대의 소명입니다.
성매매 집결지 후손과 후배
들에게 물려줄수 없습니다
파주시장 김경일

성매매집결지 폐쇄를 천명합니다

새해 첫 업무로 '성매매 집결지 정비계획'을 2023년 1호 결재로 진행했습니다.

성평등과 여성 인권은 어느 개인이나 집단의 현안이 아닙니다. 모두의 공감과 책임으로 발전해 나가야 하는 공동체의 의무이자 미래로 계승해야 하는 사회적 자산입니다.

이에, 여성정책전문가, 여성인권활동가, 시민 등으로 구성된 회의를 진행하고, 파주경찰서 및 파주소방서 등과 함께 성매매 근절 워크숍을 개최하는 등 그동안 여성친화도시로 발전하기 위한 계획을 신중히 검토해 왔습니다.

지난 조직개편을 통해 성매매 집결지 폐쇄를 위한 전담 TF팀을 신설했고, 피해자 지원과 여성 인권 회복에 초점을 맞춰 추진 전략을 수립하고 있습니다.

올해 1호 결재는 여성 인권 회복을 향한 확고한 의지이자 여성친화도시로 나아가는 새로운 도전의 시작입니다.

파주경찰서, 파주소방서도 공감을 기반으로 소통을 이뤄오고 있는 만큼, 적극적인 협력을 통해 유의미한 성과와 변화를 반드시 이뤄내겠습니다.

파주시 철도혁명 시대를 선포합니다

금릉역에서 철도혁명 시대를 열어나갈 사통팔달 철도망 구축 계획을 발표했습니다.

소리천에서 발표한 친수공간 조성사업을 시작으로, 연풍문화극장에서의 성매매집결지 폐쇄를 위한 정비계획, 국립민속박물관에서 진행한 문화예술 활성화 및 발전 방안에 이어, 네 번째 현장 브리핑입니다.

3호선 연장의 출발역인 금릉역에서 철도망 비전을 제시한 만큼, 3호선 파주 연장은 반드시 이뤄져야 합니다. 민자 적격성 통과를 위해 모든 행정을 총동원하는 상황에 더해 더 강력한 추진력이 필요합니다. 서해선 파주연장, KTX · SRT 문산 연결, 통일로선 사업도 가시적 성과가 나타나야 합니다.

또한 서울까지 20분으로 새로운 미래를 완성할 GTX-A의 2024년 개통 시기에 맞춰, 시내버스 준공영제 단계적 전환 등 대중교통 노선의 전면적 개편으로 GTX-A 이용의 편의성과 만족도를 확 높이는 계획을 새로운 변화로 만들어 나가고 있습니다.

현장에 함께해 주신 많은 시민분들의 발걸음에는 교통 발전을 향한 강한 염원이 담겨 있었습니다.

그리고 서울 통근시간 30분대의 새로운 일상이 하루빨리 시작되길 바라는 마음을 담은, 파주의 철도혁명은 벌써 시작되었습니다.

김 경 일
100만 도시 파주 철도망 구축
3호선(대화~금릉) 파주연장
• 사업노선 : 대화역~금릉역
• 사 업 비 : 12,127억원
• 사업연장 : 10.9km
- 제4차 국가철도망 구축계획 기준
• 추진현황
• 추진계획
- '23.下. 국회 승인
< 제4차 국가철도망 구축계획도 >

7.2조 에너지
30조
최고위원
박 찬 대
최고위원
정 청 래
김 경 일
당대표
이 재 명
더불어
민주당

전국 최초로 전 가구에 난방비를 지원합니다

파주시 전 가구에 20만 원씩, '긴급 에너지 생활안정지원금'을 지원합니다! 경제적 어려움을 온몸으로 견디고 있는 각 가정과 소상공인분들의 부담을 가중시킨 난방비 폭탄은 재난과 다름없으며 민생의 위기입니다.

즉각적인 대책이 시급한 상황이기에 전국 지자체 최초로 전 가구를 대상으로 20만 원의 긴급 에너지 생활지원금을 지역화폐로 지급하기로 결정했습니다. 에너지 생활안정지원금은 오로지 시민을 위한 결단이자 민생을 위한 정책입니다.

또한, 전국 지차체 최초로 전 가구에 20만 원의 에너지 생활안정지원금 지급을 결정한 파주시가 더불어민주당 지방정부 첫 번째 우수사례로 선정되었습니다.

이번 난방비 폭등처럼 직접적인 민생 부담이 큰 경우에는 모든 시민을 위한 방안이 가장 효율적인 대책이 될 수 있다는 확신에 공감을 얻은 결과인 것 같습니다.

복지의 사각지대가 발생하지 않도록, 명암이 구분되지 않은 복지 활성화가 이뤄질 수 있도록, 앞으로도 파주시는 시민을 위한 복지 발전에 더욱 힘써야 할 것입니다.

내일의 기대와 희망이 새로운 일상으로 피어날 수 있도록, 오로지 시민을 위한 적극행정으로의 책임을 더 크고 무겁게 느낍니다.

파주시의 선택은 모두를 위한 보편적 복지입니다.

전국
최초

긴급 에너지
지원금
시민중심
더 큰 파주

허가과 신설

올해 조직개편을 통해 '허가1 · 2 · 3과'가 신설되었습니다.

개발, 건축, 산지, 농지 등 분야에 따라 담당부서가 달랐던 기존 인허가 절차로 인해 시민분들께서 겪는 애로사항뿐만 아니라 담당 직원들 역시 업무에 대한 고충이 있었습니다.

이에, 인허가 업무를 통합적으로 담당하는 허가과를 신설했으며, 향후 업무의 전문성과 신속성이 강화될 것으로 기대합니다. 이제 시민분들은 불필요하게 시간 낭비할 필요가 없어졌습니다!

특히, 읍 · 면 · 동을 기준으로 허가1과는 읍 소재지를, 허가2과는 면 단위를, 허가3과는 동 범위의 업무를 담당하는 만큼, 파주시 행정구역 현황에 부합한 효율적인 맞춤형 행정이 실현될 것이라 기대합니다.

시민분들의 업무에 따라 담당부서를 만나시면 됩니다.

허가과 신설은 파주 행정이 더 빨라지고 편해지는 '원스톱 맞춤 행정서비스'로의 새로운 변화입니다.

파주시 행정이 시민 여러분께 믿음을 주는 든든한 조력자로의 더 큰 발전을 이룰 수 있도록 파주시 전 공직자와 더욱 최선을 다하겠습니다.

농업인의 땀이 농가의 값진 결실로 이어지도록

'농업인 이동시장실'을 마쳤습니다.

시민의 목소리를 빠짐없이 듣겠다는 목표는 저의 소신이자 당연한 책임입니다.

그동안 기업인, 외식업인 등 분야별로 이동시장실을 확대하여 진행해 왔으며, 이번 이동시장실의 주인공은 파주시의 농민분들이셨습니다.

자연과 공존하며 생명을 일궈내는 농업은 어떤 분야보다도 환경과 시기의 영향을 많이 받습니다. 이 때문에 농업은 현장의 의미와 중요성이 그 어떤 분야보다 상당합니다.

농업인 이동시장실에서 주신 말씀들을 토대로, 농업인 여러분의 땀과 노력이 농가의 값진 결실과 파주시 농업 발전으로 이어지는 방안이 하루빨리 모색되어야 함을 느낍니다.

아울러, 파주시에 로컬푸드 성공이 더욱 절실해집니다. 완주군과 세종시의 로컬푸드 우수사례를 살펴보면서 파주형 로컬푸드 정책 모색에 최선을 다하고 있습니다.

농업의 특수성과 파주시 상황에 발맞춘 맞춤형 농업 정책의 실현이 중요합니다.

긴급 에너지 생활안정지원금 신청 접수를 받습니다

파주시가 전국 최초로 전 가구 대상으로 난방비를 지원하는 '긴급 에너지 생활안정지원금' 접수가 시작됐습니다.

2월 27일부터 파주시 전 가구를 대상으로 긴급 에너지 생활안정지원금 신청 접수를 온오프라인으로 동시에 받고 있습니다.

직접 방문 또는 온라인 신청이 어려운 시민분들을 위해, 파주시 20개 읍면동의 맞춤형복지팀에서 시민이 계신 곳에서 직접 신청 접수를 받는 '찾아가는 신청 서비스'를 운영하고 있습니다.

제가 찾아가는 신청 서비스의 일일 담당자가 되어 경로당에 계신 어르신들을 뵙고 신청서 작성 방법을 설명드리고 직접 접수를 진행했습니다.

인사를 나눈 시민분들마다 격려해주셨습니다. 한편으로는 난방비 지원이 절실했던 현실을 다시금 체감했기에 지금의 어려움이 하루빨리 극복되길 바라는 마음입니다. 시민분들께서 보내주신 격려와 응원의 말씀에 어깨가 더욱 무겁습니다.

끝자락에 선 꽃샘추위도 조금씩 힘을 잃어가며 희망과 설렘의 계절이 다가오고 있습니다.

시민 여러분께서 더욱 포근하고 따뜻한 봄을 맞이할 수 있도록 늘 함께하는 든든한 행정으로의 최선을 다하겠습니다.

시민중심
더 큰 파주
파주시 전국 최초
긴급 에너지
생활안정지원금
20 만원 지급
신청 대상
2023. 2. 6.(월) 24시 기준
파주시 주민등록 세대주
지급액
1세대당 20만원
지급 방법
지역화폐(파주페이)
사용 기한

파주시 로컬푸드 발전방안 토론회
2023년 3월 16일 (목) 14:00
로컬푸드 공공급식 확대

파주시만의 성공적인 로컬푸드를 위하여

파주시 로컬푸드 정책의 핵심은 시민분들을 위한 착한 먹거리 제공과 판로 구축, 생산 및 유통의 확대입니다.

현재 5개소의 로컬푸드 직매장이 운영중에 있지만 시민분들과 농가 모두를 위한 획기적인 변화가 필요하여, 발전 방안 모색을 위한 토론회를 가졌습니다.

인구가 밀집한 운정에 '로컬푸드 복합문화센터'와 로컬푸드 직매장 건립을 통해, 다양한 농산물을 판매하는 직매장 뿐만 아니라 농산물가공시설과 공유주방, 먹거리시민학교 등을 조성합니다.

로컬푸드 복합문화센터는 신선한 농산물을 언제든지 구매할 수 있는 거점이자, 시민분들의 참여로 건강한 식문화를 발전해 나가는 원동력이 될 것입니다.

지역농산물 생산과 유통 모두 대폭 확대되는 변화를 기대합니다. 이를 위해 로컬푸드 납품 농가 지원사업을 추진하고 양질의 농산물을 학교급식으로 공급하는 파주시 자체급식으로의 활로를 열고 있습니다.

로컬푸드TF팀을 신설하여 로컬푸드 정책을 집중 발굴하고 있는 만큼, 확고한 의지와 적극적인 추진력이 더해진다면 파주시만의 성공적인 로컬푸드가 완성될 것입니다.

기회가 있는 공동체, 함께 살아가는 더 나은 미래

제43회 장애인의 날을 기념합니다.

장애인의 날의 뿌리는 민간단체에서 개최해 오던 재활의 날입니다. 오늘이 장애인의 날로 정해진 배경에는 4월이 모든 만물이 소생하는 계절인 만큼, 장애인의 재활 의지가 더욱 커지길 바라는 마음이 담겨 있습니다.

장애의 원인에 후천적 요인의 비중이 훨씬 높다는 사실은 우리 모두가 잠재적 장애인임을 의미합니다. 장애인 여러분의 재활과 완전한 참여는 결코 개인만의 노력의 영역이 아닙니다.

장애인에 대한 편견과 오해를 해소하고 동등한 기회로의 확대는 우리 모두의 역할이자 책임입니다.

파주시는 장애인회관 증축을 마쳤고, 올해 하반기에는 어르신을 위해 장애인회관 내에 쉼터를 조성합니다. 다양한 문화 활동과 여가 프로그램 활성화를 목표로 각 단체별 행정전문인력에 대한 인건비를 올해부터 지원합니다. 전동보조기기를 이용하시는 장애인 분들을 위해 각 읍면동 행정복지센터와 역사, 복지관마다 전동보조기기 충전기를 설치하는 신규 사업을 마쳤습니다.

앞으로도 파주시는 장애인 여러분과 가족분들의 건강한 삶과 사회참여를 위한 정책을 확대해야만 합니다. 제43회 장애인의 날을 뜻깊은 마음으로 기념하며 차별이 아닌 기회가 있는 공동체, 함께 살아가는 더 나은 미래로의 희망을 꿈꾸겠습니다.

파주시장애인단체연

주메디컬클러스터 조성사업 현장설명
K2
김경일

파주메디컬클러스터 현장설명회

파주메디컬클러스터가 조성될 동패동 일원에서 현장설명회를 개최했습니다. 주민대책위원회를 비롯한 시민분들께서 함께해 주셨습니다.

파주메디컬크러스터의 핵심은 시민분들을 위한 종합의료시설 구축과 100만 자족도시 파주 도약으로의 핵심 동력이 될 세계적 바이오클러스터 조성입니다.

파주메디컬클러스터 혁신의료단지 내 조성 예정인 국립암센터 미래혁신센터는, 우수 데이터 및 인력과 산·학·연·병의 협업 체계를 기반으로 바이오클러스터를 육성하는 핵심 동력이 될 것입니다. 그뿐만 아니라, 국립암센터와의 협업을 통한 우수 의료서비스 제공은 대형종합병원 입주에 크게 기여하며 시민분들을 위한 의료인프라가 크게 향상될 것입니다.

파주메디컬클러스터 실시계획 인가를 위한 모든 행정절차를 마쳤으며, 파주도시관광공사 출자비율 상향에 대한 시의회 동의 절차를 완료한 만큼, 파주도시관광공사와 함께 모든 행정력을 집중하여 토지 보상 절차가 빠르게 이뤄지는 것이 우선입니다. 착공으로의 추진 속도를 더욱 높입니다.

앤데믹 선언은 끝이 아닌 새로운 시작

코로나19 팬데믹 이후의 공동체와 미래를 생각합니다.

멈춰버린 소중한 일상이 다시 우리에게 돌아오기까지, 방역의 최전선에서 혼신의 힘을 다해주신 의료 종사자분들과 현장의 모든 분들께 깊이 감사드립니다.

앤데믹 선언은 끝이 아닌 새로운 시작입니다.

세계가 인정한 K-방역의 이면에는 OECD 국가 평균 인원보다 적은 의사와 간호사 여러분, 타 국가에 비해 턱 없이 부족한 질병관리청 직원 여러분이 있었습니다. 이제 우리는 언제 다시 올지 모르는 신종 감염병에 맞서 예방과 대책 마련을 위한 의료 인프라 확충과 발전이 절실합니다.

코로나19로 심화한 불평등을 극복하는 사회적 노력도 중요합니다. 여건이 불리하고 생계가 불안정할수록 코로나19의 피해와 후유증이 컸습니다. 코로나19의 위험이 여전히 남아 있는 지금, 더 이상 상처가 벌어지지 않도록 질병 관리와 맞춤형 지원 등의 치유 과정이 체계적으로 이뤄져야 합니다.

코로나19를 다 함께 이겨냈던 발자취를 뜻깊게 되새깁니다. 동시에, 앞으로 나아갈 발걸음을 모색합니다. 온전한 회복과 더불어 대응과 예방을 기반으로 새로운 미래로 나아가야 합니다.

파주시민 모두가 자전거보험에 가입됩니다

이제부터 모든 파주시민들은 자전거보험에 자동적으로 가입됩니다.

건강과 환경을 동시에 챙길 수 있는 자전거의 이용률이 갈수록 높아지고 있습니다. 세계 자전거 생산이 53년 만에 6배 증가하며 자동차 생산량을 앞섰다는 연구 결과도 있습니다.

자전거로 출근하는 횟수가 점점 증가하는 제 경험에 비추어보아도, 자전거 이용자가 늘어나는 변화를 진심으로 환영합니다. 먼 거리를 부담 없으면서도 기분 좋게 갈 수 있을 뿐만 아니라, 탈수록 이용자도 환경도 건강해지니까요.

이에, 파주시는 시민 여러분께서 안심하고 자전거를 탈 수 있도록 자전거 보험을 가입했습니다. 파주시에 주민등록을 둔 시민이라면 누구나 별도의 절차 없이 자동적으로 자전거 보험에 가입됩니다.

시민 여러분께서는 자전거를 운전하고 있지 않고 탑승 중일 때 발생한 사고, 자전거를 운전 중에 발생한 사고, 도로 통행 중 자전거로 인한 급격히 발생한 외래 사고 시 보상을 받습니다.

더 많은 시민분들께서 파주시의 새로운 변화를 누릴 수 있도록 자전거보험 정책을 적극 홍보하고 보험 조건을 개선해 나가는 노력을 이어가야 할 것입니다.

외면하지 않겠습니다

성매매 집결지 존치의 세월이 무려 70년입니다.

외면으로 일관해 온 부당한 현실이 지속되는 동안 모두의 아픔과 고통도 커져만 갔습니다.

더 이상 방치할 수 없다는 사명감으로 성매매 집결지의 완전한 폐쇄를 선포했습니다.

2023년 경기도 여성친화도시 활성화 지원사업에서 파주시가 공모한 '성매매 집결지 폐쇄 : 반(反)성매매 문화조성' 사업이 1위로 선정되었습니다.

모든 행정력을 쏟아붓고 있는 지금, 마침내 우리 손으로 성매매 집결지의 오랜 역사를 완전히 끊어낼 수 있는 기회를 만들어 냈습니다.

파주시는 현재 성매매 집결지 폐쇄를 위한 범시민 서명운동을 진행하고 있습니다. 그동안 보내주신 수많은 관심과 성원에 이어 압도적인 지지 또한 모아지길 바랍니다.

성매매 집결지 폐쇄는 파주시민의 뜻입니다.

파주시는 새로운 미래를 염원하는 시민의 뜻을 받들어, 시민 여러분과 함께 멈춤 없이 나아갑니다.

PAJU

파주시보훈회관 PAJU
고엽제로 고통받는 파주 대성동마을 주민들에게도 보상 실시하라
파주시의 고엽제 민간인 피해조사와 지원을 적극 지지합니다!

고엽제 피해자 지원, 파주가 앞장서겠습니다

파주시가 고엽제 피해로 인한 정부 보상에서 제외되었던 주민분들의 지원에 앞장섭니다.

미 보훈부는 남방한계선에 고엽제 살포를 인정했으며 정부에서도 고엽제 피해로 인한 지원을 해오고 있습니다. 그러나 지원은 당시 복무했던 군인과 군무원 대상으로만 이뤄졌습니다.

대성동 주민분들께서는 고엽제에 노출되었음에도 어떠한 보상도 받지 못했습니다. 파주시는 오랜 세월 동안 고엽제 피해를 온몸으로 견뎌온 대성동 주민분들의 고통과 어려움을 해소하기 위해 주민 피해자 지원을 추진합니다.

고엽제 노출 피해 실태조사를 빠르게 실시하고, 고엽제 주민 피해자 지원을 위한 법령 개정을 계속하여 건의하겠습니다. 정부의 보상이 이뤄질 때까지 파주시 자체 지원을 위한 조례 개정을 적극적으로 검토하겠습니다.

DMZ 내 유일하게 주민분들께서 거주하고 계신 곳이 바로 대성동 마을입니다.

평화의 가치와 희망이 깃든 대성동 마을의 주민 여러분을 위한 마땅한 지원과 보상은 반드시 이뤄져야 합니다.

파주시 대중교통이 확 바뀌는 미래

파주시 대중교통 추진 성과와 향후 계획을 시민분들께 말씀드리는 현장설명회를 개최했습니다. 버스 증차를 이뤄낸 75번 버스의 회차지점이 오늘 소통의 무대였습니다.

광역급행 M7154번과 직행좌석 5000번 노선의 준공영제 전환이 확정되었고, 운정3지구에서 상암DMC까지 운행되는 경기도 수요응답형 광역콜버스가 운행할 예정입니다.

마을버스는 100% 준공영제 전환 성과를 목표로 현재 노선 증차가 지속적으로 이뤄지고 있습니다. 마을버스 4개 노선이 준공영제 전면 전환을 달성했고, 올해 5개 노선에 대한 증차를 완료했습니다.

GTX-A 운정역 신설로 새로운 미래를 준비하는 동시에 교통 이용의 접근성과 편의성을 대폭 높이는 버스노선 연계 방안은 시민 여러분의 의견을 적극 반영하여 추진하는 것이 중요합니다. 현재 10대가 운행 중인 똑버스는 하반기 내 증차를 위한 예산 추가 확보가 우선되어야 합니다.

확고한 의지와 확실한 변화로 시민께 교통 혁신에 대한 확신을 드려야 할 것입니다. 파주시의 교통 발전은 계속됩니다.

추진사항 현장설명
공공성 강화
23년 도시형교통모델 사업 확대운행(예정)
GTX-개통 노선개편 주민의견 수렴

더 큰 파주
교육현장 찾아가는 이동시장실
• 일시 | 2023. 6. 29.(목) 15:00 • 장소 | 청소년상담복지센터 교육실
PAJU

한 아이를 키우기 위해서는 온 마을이 필요합니다

파주시 학부모회네트워크 지역대표님들과 함께하는 교육 현장 이동시장실의 새로운 문을 열었습니다.

파주시는 학생들이 만족하고 학부모님들께서 안심하는 교육 발전을 이루고자 신규사업을 확대해 나가고 있습니다.

작년 대비 교육 지원 예산을 증액하여, 올해 '초등학교 입학축하금 지원'과 '학생자치 축제 지원' 등 새로운 결실을 맺었습니다. 학생들의 톡톡 튀는 아이디어로 더욱 풍성한 재미와 볼거리가 가득할 축제가 벌써부터 기대됩니다.

"한 아이를 키우기 위해서는 온 마을이 필요하다"라는 말처럼, 파주시는 교육과 돌봄을 위한 공동체의 책임에 더욱 최선을 다하며 안전하고 즐거운 교육환경을 만들어야 합니다.

학교와 파주교육 발전을 위해 애써주시는 학부모회 회장님들의 헌신을 본받겠습니다.

평화경제특구법 통과를 환영합니다

평화경제특구법이 마침내, 국회 본회의를 통과했습니다. 무려 17년 만에 파주시의 오랜 염원이 이뤄진 가슴 벅찬 순간입니다.

평화경제특구법안은 북한 인접지역에 평화경제특구를 지정하여 남북 간의 경제적 교류와 남북경제공동체를 실현하는 산업단지 및 관광특구를 조성하는 내용을 담고 있습니다.

조세 · 부담금 감면 및 자금 지원 등의 혜택이 주어지는 만큼 경기연구원이 발표한 효과분석 자료에 따르면, 100만 평 규모의 경제특구를 조성하면 6조 원의 생산유발효과와 5만 4,000명의 취업 창출 효과를 이뤄낼 수 있습니다.

파주시는 성장과 발전의 무한한 가능성을 지니고 있음에도, 접경지역이라는 이유 하나만으로 오랜 세월 많은 제약을 감내해 왔습니다. 마침내 맞이한 기회와 도약의 순간입니다.

명실상부 평화를 대표하는 파주시가 경제도약과 상생발전을 이뤄낼 수 있도록 '파주시 평화경제특구' 지정이 최우선 목표가 되어야 할 것입니다.

이제부터 파주시는 평화경제특구입니다.

더 큰 파주를 위한 파주 경제자유구역

파주시가 100만 자족도시로의 도약을 위해, '파주 경제자유구역'을 적극 추진합니다.

경제자유구역은 외국인 투자 유치 활성화를 목표로 경영활동을 다방면으로 지원하는 특별경제구역입니다.

경제자유구역 지정 시, 조성원가 이하 토지공급, 국세 및 지방세 감면, 국공유재산 사용료 감면, 도로 등 기반시설 설치비용 지원, 국제학교 설립 등 지역경제 발전과 직결되는 파격적 인센티브가 부여됩니다.

현재 파주시는 경제자유구역 지정을 위해 파주 메디컬클러스터와 운정테크노밸리와 연계한 바이오 및 첨단 지식 산업 유치, 대한민국의 유일한 출판문화정보 국가산업단지인 파주 출판도시와 융합한 미디어 산업 조성, 파주시 내 쇼핑몰과 기업 등과 결합한 문화 여가 산업 및 앵커기업 유치 등 다양한 전략을 수립해 나가고 있습니다.

접경지역이라는 제약에도 불구하고 신도시 개발과 50만 대도시를 이뤄낸 파주시는, 여전히 성장과 발전의 무한한 잠재력을 지니고 있습니다. 파주시가 세계가 주목하는 국제도시로 거듭날 수 있으려면 더 큰 파주를 위한 파주 경제자유구역으로의 도약이 반드시 이뤄져야 합니다.

이제, 지금 보다 훨씬 큰 파주시를 상상하셔도 됩니다.

도심 속 오아시스 〈운정 어린이물놀이장〉

파주도시관광공사 및 관계 부서와 함께 운정 어린이물놀이장 현장 점검을 실시했습니다.

당초 개장식이 예정되어 있었으나 전국적인 집중호우 상황을 최우선으로 고려하여 개장식을 취소하고, 동주도시인 청주시의 수해 피해 복구활동에 매진했습니다.

이번 현장점검을 통해 운영 현황과 안전 관리 사항을 중점적으로 살펴보고, 물놀이장을 이용 중인 시민분들과 함께 편의성과 만족도를 높이기 위한 아이디어를 나눴습니다.

운정복합커뮤니티센터가 들어설 유휴 부지를 활용하여 조성한 물놀이장에 시원한 물빛보다 청량한 아이들의 해맑은 웃음소리와 부모님의 흐뭇한 미소가 가득 흐드러졌습니다.

운정 어린이물놀이장은 아이들이 이용하는 시설인 만큼, 안전 및 수질 관리에 더욱 각별히 신경써야 할 것입니다.

안전하고 청결한 도심 속 오아시스 운정 어린이물놀이장이 아이들의 행복을 키우길 기대합니다.

안전에 있어서 만큼은 적당함도 과함도 없습니다

밤새 많은 비가 내렸습니다. 조금씩 잦아들고 있는 것 같으면서도 여전한 빗줄기에 바쁜 출근길을 맞이하는 시민 여러분의 모습이 더욱 분주해 보였습니다.

파주시는 호우 대처사항 긴급점검회의를 주재했습니다.

20개 읍 · 면 · 동을 비롯하여 재난 대응과 연관된 전 부서가 참석한 회의의 목적은 예방이었으며, 예방을 위한 방안은 현장입니다.

예전 호우 피해가 발생했던 지역과 배수펌프장 등을 중심으로 현장을 살피며 사전 대비에 주력했기에, 파주시에 많은 양의 강우가 내렸음에도 상대적 피해는 다행히 미비했습니다.

그러나 장마전선 북상이 예상됨에 따라 철저한 안전 점검이 다시금 절실합니다.

재난 자체를 막을 수는 없겠지만 재난으로 인한 피해는 예방하고 대처할 수 있습니다.

안전에 있어서 만큼은, 적당함도 과함도 없습니다.

시민의 생명과 재산을 지키는 막중한 책임을 깊이 새기며 파주시 전 부서가 협심하여 지역별로 필요한 조치를 선제적으로 대응하고 있습니다.

파주시민분들 모두 아무 탈 없이 다시 맑고 화창한 일상으로 돌아가기를 소망합니다.

새로운 변화, 더 나은 내일로의 희망

파주시가 도약의 미래와 상생발전을 향한 희망찬 변화를 맞이했습니다.

파주읍의 파주센트럴밸리 일반산업단지 진입도로 개통식과 탄현면 오금1리 마을회관 준공식이 열렸습니다.

더 나은 내일로의 기대와 설렘을 주민분들과 함께하여 더욱 소중한 시간이었습니다.

파주센트럴밸리 일반산업단지 진입도로는 국비 100% 지원으로 진행된 사업입니다. 파주시는 시민 모두가 편리하고 만족할 수 있는 도로 환경 구축에 더해 진입도로와 연계한 2단계 산업단지 조성을 준비 중에 있습니다.

또한 오금1리 마을회관은 주민 여러분을 위한 휴식과 여가의 보금자리를 만들겠다는 다짐으로 이뤄낸 변화입니다.

마을회관에 모인 발걸음마다 더 큰 웃음꽃이 피어나길 바라는 마음으로 오금1리 마을회관이 항상 쾌적한 환경을 유지할 수 있도록 더욱 신경쓰겠습니다.

우리 시민분들의 웃음소리가 파주시에 가득하기를 소망해 봅니다.

이재명 대표님을 뵙고 왔습니다

무기한 단식농성 중인 이재명 대표님을 뵙고 왔습니다.

끊임없이 강조했던 민생, 통합, 민주주의가 과거가 아닌 미래로 나아갈 수 있도록 사즉생의 각오로 앞장서고 계신 모습에 만감이 교차합니다.

대표님과 대화를 나눌 때 가장 많이 언급된 이와 같은 단어는, 현재 우리에게 있어 제일 중요하고 시급하며 가장 필요한 가치임을 뜻할 것입니다.

무엇이든 쌓아 올리기 위해서는 각고의 노력과 오랜 세월이 필요하지만 무너지는 건 한순간입니다. 역사가 더디더라도 진보했었던 이유는 늘 앞을 향해 나아갔기 때문입니다. 그리고 이때의 역사는 모두의 역사이자 모두의 발전이었습니다.

늦더위에 대표님의 건강이 더욱 염려되지만 결연하고 단호한 의지에 지금 우리가 해야만 하는 행동을 먼저 생각합니다.

과거가 아닌 미래로 나아가는 민주주의 정신을 이어받아 사즉생의 각오로 나아가야 할 것입니다.

평화가 곧 경제입니다

파주시민포럼과 경기일보가 공동 주최한 "평화경제특구 왜, 파주인가?" 심포지엄이 개최되었습니다.

무더위에도 많은 시민분들께서 함께해 주신 현장에서 평화경제특구 파주 지정을 향한 열망과 설렘을 체감했습니다.

접경지역이기 때문에 파주시가 그동안 감내해 온 한계와 제약은 이제 남북교류의 최적지로서 지닌 기회이며, 파주는 이제 곧 자족도시로 거듭날 것입니다.

파주시는 평화가 곧 경제인 새로운 길을 만들어야 합니다. 100만 도시로의 미래를 책임지는 평화경제특구 지정으로의 변화를 이뤄낼 때까지 파주시는 멈추지 않을 것입니다.

이번 심포지엄은 한 번으로 끝이 아닌, 앞으로 3차례 더 개최할 예정입니다. 시민 여러분의 의지를 모아 염원의 장을 개최해 주신 노고에 감사드립니다.

3차 시민심포지엄 평화 경제특구 왜, 파주인가?
2023.12.13(수) 오후2시 | 운정행복센터 다목적홀 주최 파주시 주관 파주시민포럼 후원 경기일보
PAJU

학생의, 학생에 의한, 학생을 위한 축제

한민고등학교 개교 10주년을 기념하는 '제10회 한비제' 축제에 함께 했습니다.

파주시는 학생 스스로 도전하고 함께 이뤄나가는 경험과 결실을 응원하고자, 올해부터 학생자치 축제 예산을 지원합니다.

이는 학교 축제가 순간의 여유와 즐거움을 넘어 학생 여러분이 원하고 바라는 무대를 마음껏 펼쳐나가길 바라는 응원의 마음이 담겨 있습니다.

학교는 학업뿐만이 아닌 학생들이 꿈을 향해 도전하고 준비하는 순간들이 담긴 소중한 공간입니다. 또한 각기 다른 개성과 생각을 지닌 학생들이 더불어 함께하는 공동체입니다.

파주시는 학생 여러분이 지닌 무한한 상상의 나래가 현실의 벽에 부딪치지 않고 바라는 미래에 맞닿을 수 있도록 앞으로도 든든한 힘이 되겠습니다.

파주시 학생 여러분의 꿈과 도전을 늘 응원합니다!

광복군을, 홍범도 장군을 기억해야 합니다

9월 17일은 광복군 창설일입니다.

1940년 9월 17일 대한민국 임시정부가 광복군을 창설한 날을 맞아 저는, 광복군 후손 분들을 만나고 장준하 선생 묘소를 참배하면서 어떻게 하면 부끄럽지 않은 후손이 될지 고민했습니다.

역사 왜곡이 자행되는 요즘, '퇴행(退行)'이란 말이 머리에서 떠나질 않습니다. 역사를 어떻게 기억할 것인지는 우리가 지향하는 사회의 모습을 투영합니다. 그런데 우리의 뿌리를 부정하고, 우리가 마땅히 모셔야 할 독립투사를 욕보이는 일이 공공연히 벌어지고 있습니다. 이미 역사적 평가가 끝나고 건국훈장까지 받았던 독립투사의 흉상을 육군사관학교 교정에서 철거하거나 교내에서 다른 곳으로 옮기려고 하는 지금의 현실이 참담할 뿐입니다. 이렇게 역사를 내쳐도 되는 건지 암담합니다.

정권의 입맛에 맞게 역사를 취사선택할 때 역사는 정쟁의 수단이 되고, 끝내 국민을 분열시킵니다. 분열은 분란을 일으키기 마련입니다. 물가가 오르고 경제가 어려운 이 시절에, 무엇보다 민생을 살피고 온 국민이 한마음 한뜻으로 어려움을 극복해야 할 이 시점에, 생각지도 못했던 분열이 조장되고 있습니다. 이 분열을 끝내야 합니다. 그러기 위해서는 제대로 된 역사를 기억하고 바로 세워야 합니다.

대한민국 국민으로서 제가 반드시 기억해야 한다고 생각하는 역사는 이런 것입니다.

가족을 모두 일본군에게 잃으면서까지 독립무장투쟁에 투신했던, 1920년 6월 독립군을 이끌고 봉오동 전투를 승리로 이끌었던, 그러다 스탈린에 의해 카자흐스탄으로 강제 이주당해 조국의 독립을 미처 보지 못하고 극장 수위로 쓸쓸하게 생을 마쳐야 했던 홍범도 장군을 기억해야 합니다.

일본군과의 대규모 전투를 승리로 이끈 청산리 전투의 김좌진 장군도, 광복군 총사령관을 맡아 항일전을 지휘했던 지청천 장군도, 광복군 참모장을 지내고 대한민국 초대 국무총리와 국방부 장관을 역임했던 이범석 장군도, 신흥무관학교를 설립해 대 일본 무장투쟁의 기틀을 닦은 우당 이회영 선생도 모두 기억해야 합니다.

아울러 파주에 안장된 장준하 선생과 광복군에 참여했던 독립유공자 분들도, 역사의 희생자였던 대성동 마을 민간인 고엽제 피해자도, 분단 상황에서 목숨을 걸고 이 나라를 지키려 했던 6.25 전쟁 참전 용사와 소년HID분들도 모두 기억해야 합니다. 이 모든 분들이 우리 대한민국의 뿌리이자 존립 근거이기 때문입니다.

대한민국 헌법 전문은, '유구한 역사와 전통에 빛나는 우리 대한국민은 3 · 1운동으로 건립된 대한민국임시정부의 법통'을 계승한다고 밝히고 있습니다. 2005년 헌법재판소는 이 전문이 "대한민국이 일제에 항거한 독립운동가의 공헌과 희생을 바탕으로 이룩된 것임을 선언한 것"이라고 해석한 바(헌재 2005.6.30. 2004헌마859 결정) 있습니다.

헌법 전문과 헌재의 해석에 따르면 홍범도 장군을 비롯한 독립투사들은 대한민국의 뿌리입니다. 이분들의 희생을 부정하고 지우려 하는 것은 우리의 뿌리를 부정하는 일입니다.

파주시 역시 광복군의 고귀한 희생과 애국정신을 기억하고 새기며 행동하겠습니다.

시장내에서는

문산자유시장 땅콩집 아들이 명절인사 드립니다

추석 명절을 앞두고 우리 동네의 금촌전통시장과 문산자유시장에서 장을 봤습니다.

장날을 맞이한 금촌전통시장은 눈길과 입맛을 사로잡는 다양한 음식을 선보이며 이미 명절 분위기가 한창입니다.

저는 문산자유시장 땅콩집 아들입니다.

문산자유시장을 갈 때마다 떠오르는 추억들에 반가움을 느끼면서도 가슴이 짠해지는 것은, 이곳이 제 어린 시절의 놀이터이자 우리 가족의 삶을 책임지는 생계의 터전이었기 때문인 듯합니다.

어렸을 때는 한없이 크고 넓게 느껴지기만 했던 시장이 어느새 작고 좁아진 이유는 제가 컸기 때문만은 아닐 것입니다. 꺼진 불빛과 임대를 써 붙인 가게를 보며 민생을 책임지는 시정의 역할을 다시금 고민합니다.

시장은 곧 시민 여러분의 생활이자 살림입니다.

시장을 향한 발걸음이 많아질수록, 시장에서 퍼지는 웃음소리가 커질수록, 우리 파주시의 살림도 더 나아집니다.

민생의 장바구니에 걱정은 덜어내고 행복과 만족은 더 많이 채울 수 있는 민생 정책이 절실합니다.

건강하고 맛 좋은 파주시 전통시장 많이 사랑해 주시길 바랍니다!

시장실 문을 두드린 중학생 친구들

어느 날, 시청에 한 통의 전화가 걸려 왔습니다.

"안녕하세요! 저는 문산중학교 학생인데요. 주변 직업인을 조사하는 수행평가가 있어, 시장님을 인터뷰하고 싶어 연락드렸습니다!"

시장실 문을 두드린 중학생 친구들의 귀여운 요청에 바로 오케이를 하고 궁금함 반 기대 반으로 기다려왔는데 마침내 오늘, 반가운 손님들이 시청을 방문했습니다.

'파주시장의 하루 일과는 어떠한지', '언제가 가장 뿌듯하고 힘들었는지', '앞으로의 계획은 어떻게 되는지' 등 고심 끝에 준비해 왔다는 질문 덕분에, 지난 시간들을 되돌아보며 반드시 이뤄내고자 하는 혁신들을 새롭게 다짐하는 특별한 순간을 맞이했습니다.

시장이 지녀야 할 가장 중요한 자질을 묻는 질문에 '초심'이라 답하며, 시민 여러분께 소중한 선택을 받았던 그날을 되새깁니다. 초심은 언제나 저를 절실하되 겸허하고 진실하게 만드는 힘입니다. 초심을 잃지 않는 것을 넘어 초심을 발전시켜 나가겠습니다.

책임감의 초심을 더욱 무겁게, 추진력의 초심을 더욱 빠르게, 희망의 초심을 더욱 새롭게 발전시켜 나가면서, 시민께서 믿어주신 선택에 반드시 답하겠습니다.

소중하고 특별한 시간을 하나부터 열까지 스스로 만들어 준 문산중학교 학생 여러분, 고맙습니다.

시민중심
더 큰 파주
미래도약 경제도시
포용사회 문화도시

경기북부 국민안전체험관 건립 대상지 최종 선정

파주시가 경기북부 국민안전체험관 건립 대상지로 최종 선정됐습니다!

시민 여러분과 함께 이뤄낸 가슴 벅찬 결실입니다. 시민 여러분과 파주시의회가 한마음으로 염원하고 힘을 모아 추진해 왔던 과정들이 마침내 목표에 도달했습니다.

지난 14일, 국민안전체험관시설 선정을 위한 심사에서 발표자로 나설 때, 파주 건립의 필요성보다 더욱 자신 있게 발표했던 내용은 이날을 위해 파주시가 갖춰 온 '인프라'와 향후 전국 제일의 '기대효과'였습니다.

파주는 운정에 대형 사업부지를 이미 확보했기에 즉시 착공이 가능하며, 대규모 인원수용도 문제가 없습니다. 최대 규모의 국민안전체험관은 교통 · 재난안전, 생존수영, 캠핑안전 등 놀이와 체험이 융합된 복합 테마형의 최고 시설로 갖춰질 것입니다.

아이와 거주하는 인구가 지속적으로 늘어날 파주시와 더불어, 인근 고양, 김포, 연천, 서울서북부, 인천 등을 합쳐 무려 600만 명의 인구가 경기북부 안전체험관 파주를 방문하는 대상입니다.

이와 연계하여, 국민안전체험관과 파주시 관광자원이 시너지 효과를 발휘하며 지역경제에 새로운 활력을 불어넣는 방안도 강구해야 할 것입니다.

이제 다시 시작입니다. 준비가 기회를 만나 도약의 미래를 이뤄낼 수 있도록, 앞으로 더욱 부지런히 뛰어야 할 시간입니다.

파주시 최초 청소년수련관

올해 마지막 달의 첫 날인 12월 1일, 파주시 최초의 청소년수련관이 탄생했습니다.

준공식을 기념하며 청소년수련관의 주인인 파주시 청소년 여러분과 함께 축하를 나눴습니다.

새로운 시작의 첫걸음은 앞으로 청소년 여러분을 위한 맞춤형 변화와 발전으로 이어지길 바랍니다.

파주시 청소년수련관은 몸과 마음 모두 힐링할 수 있는 수영장, 다목적체육관, 클라이밍장, 바리스타실, 요리실 등 다양한 공간을 갖추고 있습니다.

청소년수련관이 선사할 새로운 경험과 색다른 즐거움을 맘껏 누리며, 청소년 여러분의 웃음이 가득 퍼지길 기대합니다.

파주시는 청소년 여러분이 누릴 오늘의 행복과 내일의 꿈에 진심입니다. 청소년 여러분이 더 큰 희망과 설렘 속에 미래로 나아갈 수 있도록 진심과 최선을 다하겠습니다.

파주시

시민이 뽑은 파주시를 빛낸 10대 뉴스

파주시민께서 직접 뽑은 '2023년 파주시를 빛낸 10대 뉴스'를 발표했습니다.

1호 결재였던 '성매매집결지 정비계획'을 시작으로, 파주시 전 가구에 지급했던 '난방비 지원금', 일상에서의 체감도와 만족도가 큰 '파주페이' 예산 확대, 회복과 평화의 미래로 나아가는 '민간인 고엽제 피해자 지원', 1,000만 관광도시 도약의 청사진인 'DMZ 평화관광 활성화', 맞춤형 교통발전을 지속할 '똑버스 증차와 농촌형 확대' 등 모든 정책을 뚝심 있게, 추진력을 더해, 진심을 다해 추진했습니다.

필요하다면 가지 않았던 길도 주저 없이 향한 끝에, 새로운 도전과 성과를 응원하는 시민 여러분들의 성적표를 받았습니다.

시민께서 보내주신 관심과 성원이 언제나 가장 소중하고 든든한 힘이었습니다. 감사합니다.

투표 결과를 통해 민생의 중요성을 다시금 체감합니다.

민생의 어려움을 극복하고 민생을 책임지는 적극재정 및 확대재정의 필요성, 민생의 중요성을 다시금 크게 느낍니다.

민생경제를 핵심으로 기회와 성장 모두 이뤄내는 변화가 중요합니다.

제3부

/

어디서든지 자유롭게! 파프리카가 달립니다

(2024년)

오직민생
2024년 새해
운정1동
2024. 1. 23.(화)

오직 민생 프로젝트

2024년 1호 정책사업으로 '민생경제 5대 정책 추진과제'를 결재했습니다. 오직 민생을 향한 확고한 의지와 추진력으로, 민생 안정과 경제 활성화에 총력을 다하겠다는 다짐입니다.

1. 물가는 지키고! (물가안정 종합 관리)
2. 일자리는 늘리고! (일자리 창출 확대)
3. 지역경제에는 활력을 불어넣고! (지역경제 활력 도모)
4. 기업은 키우고! (소상공인, 기업 지원)
5. 농가는 잘 사는! (농축산업 지원)

내 삶이 나아지는 도시 파주를 위해 시민께서 체감하는 맞춤형 민생정책을 발굴하고 확대해 나가는 세부사업을 '오직 민생 프로젝트'에 담았습니다.

파주형 5대 민생정책을 총괄하는 위원회를 구성해 추진력과 실행력을 높여 나갈 방침이며, 저부터 현장 중심의 적극 행정을 기반으로 분야별 추진 과정과 성과를 계속하여 검토하고 보완할 것입니다.

민생을 더 가까이, 더 깊게, 더 넓게 챙기고 살피며 가계에 실질적인 도움이 되는 시정을 펼쳐야 합니다. 새로운 시작을 향한 기대와 희망을 신뢰와 결실로 이뤄내는 길이 절실합니다.

인생은 아름답고 역사는 발전합니다

김대중 대통령 탄생 100주년을 기념하며, 남북평화협력 지방정부협의회 회장으로서 축사를 드리는 뜻깊은 시간을 가졌습니다.

대한민국 현대사의 중요한 순간마다 '행동하는 양심' 김대중 대통령이 계셨습니다.

김대중 대통령은 "나에게 유일한 영웅은 국민이다. 국민은 최후의 승리자이며, 양심의 근원이다"라는 신념으로 무려 40년간 독재에 맞서 싸우며 민주화투쟁에 앞장선 지도자였습니다.

오늘, 평생을 대한민국의 민주화와 남북평화를 위해 애쓰며 마침내 역사상 최초의 남북정상회담을 열고 6 · 15 공동선언을 이뤄낸 대한민국의 큰 어른을 다시금 기억합니다.

'정의가 강물처럼 흐르고, 자유가 들꽃처럼 만발하고, 통일에의 희망이 무지개같이 떠오르는 나라를 만들자'던 말씀을 깊이 새깁니다. 김대중 대통령께서 당부하셨던 것처럼 국가와 국민을 위해, 행동하는 양심이 되겠습니다.

제가 가장 좋아하는 김대중 대통령님의 말씀을 시민 여러분께 전합니다.

"인생은 아름답고, 역사는 발전합니다"

김대중 탄생 100년
하나로 미래로
김대중 탄생 100년 하나로 미래로

민생과 함께! 민생 속으로!
골목상권 소상공인
이동시장실

골목상권 · 소상공인 이동시장실

'골목상권 · 소상공인 이동시장실'을 개최했습니다.

올해 1호 결재한 '오직 민생 프로젝트'의 핵심 목표인 물가 안정과 지역경제 활성화를 위해 발로 뛰는 행정입니다.

이날 가장 큰 이슈는 '파주페이'였습니다.

파주시가 2년 연속 유지하고 있는 파주페이 10% 할인은 시민이 뽑은 '23년 파주시 10대 뉴스' 2위에 선정될 정도로 관심과 만족도가 높습니다.

파주페이는 이미 지역경제 발전으로의 성과가 입증된 만큼, 올해 파주시는 지역화폐의 지원 금액과 유통 규모를 더욱 키웠습니다.

파주페이를 확대할수록 지역경제 순환 바퀴는 더욱 커집니다.

이번 이동시장실에서 주신 공통된 의견을 적극적으로 고려해야 할 필요성, 파주페이 확대 방안을 긍정적으로 검토할 당위성을 느낍니다.

"민생과 함께! 민생 속으로!"

오직 민생으로의 발로 뛰는 행정은 앞으로도 계속됩니다!

골목상권에 생기와 온기를 더해주시는 착한가격업소 사장님들께 든든한 감사와 존경의 말씀을 드립니다.

골목상권과 소상공인의 무궁한 발전을 위해 파주시 역시 쉼 없이 발로 뛰어야 할 것입니다.

서해선 파주 연장이 확정되었습니다

마침내! 서해선(대곡소사) 파주 연장이 확정되었습니다!

국토교통부에서 서해선을 기존 일산역에서 탄현역, 야당역을 거쳐, 운정역으로 연장하는 사업을 승인했습니다.

작년 2월, 파주 철도망 구축 계획을 발표하는 현장 브리핑을 통해 서해선 파주 연장 사업을, 파주의 확실한 미래로 만들어야 함을 말씀드렸습니다.

그리고 오늘! 드디어 파주시가 시민분들과 함께 커다란 결실을 이뤄냈습니다.

앞으로 파주시가 맞이할 미래는, 기존 김포공항까지 1시간 30분 가량 소요되었던 이동시간을 획기적으로 단축하며 향후 수도권 30분 생활권 시대를 여는 교통의 비약적 발전입니다.

서해선 파주 연장 사업은 올해 개통 예정인 GTX-A 노선과 함께, 파주 철도혁명을 이뤄낼 핵심 동력이 될 것입니다.

서해선 파주 연장 사업이 차질 없이 진행될 수 있도록 시민 여러분의 마음을 모아 온 행정력을 집중할 때입니다.

전국 최대 규모의 파주페이를 발행합니다!

전국 최대 규모의 파주페이(지역화폐) 발행이 시민 여러분의 새로운 일상이 됩니다!

2월 1일부터, 파주페이 인센티브 충전 한도액을 월 70만에서 최대 100만 원까지 높입니다.

평시에는 월 최대 70만 원을 충전하면 7만 원을 인센티브로 지원하고, 설, 가정의 달, 추석이 있는 2월, 5월, 9월에는 충전 한도액을 100만 원으로 늘려 최대 10만 원의 인센티브를 지원합니다.

전국적으로 지역화폐 사업을 중단하거나 인센티브율을 낮추고 있는 상황에서, 파주는 기존 10% 인센티브를 유지하며 파주페이 충전 한도액을 늘려 왔습니다. 지역화폐가 민생경제에 직접적인 힘이 되고 지역경제 활성화를 확실하게 이뤄내는 효과가 있기 때문입니다.

얼마 전 진행했던 '소상공인 · 골목상권 이동시장실'에서 지역화폐 확대 요청을 받았고, 작년 시민이 뽑은 '파주시 10대 뉴스' 2위에 파주페이 상시 10% 인센티브 지급이 선정되는 등 시민 여러분의 다양한 목소리를 통해 지역화폐의 중요성과 필요성을 체감해 왔습니다.

'오직 민생 프로젝트'를 올해 1호 결재하며, 민생 안정과 지역경제에 총력을 다하겠다는 강한 의지를 밝힌 만큼, 전국 최대 수준의 파주페이 확대를 오직 민생 프로젝트의 1호 행동으로 결정했습니다.

파주시의 길은 앞으로도 오직 민생만을 바라보며 민생과 지역경제를 위한 맞춤형 변화를 지속적으로 이뤄 나가는 걸음입니다.

민생 속으로! 민생과 함께! 이동시장실은 계속됩니다

시민 여러분이 계신 읍·면·동에서 20번의 이동시장실을 순차적으로 개최합니다. 시민의 삶 더욱 가까이서 민생의 다양한 목소리를 귀담아 시정에 반영하는 기회가 되길 기대합니다.

2022년 9월 첫 이동시장실을 시작으로, 지역·분야·현안별로 범위와 대상을 확대해 나가며 총 56회의 이동시장실을 진행했고, 1,385명이 넘는 시민분들과 함께했습니다.

이번 이동시장실에는 시민의 힘으로 이뤄낸 결실과 더불어 파주시가 멈춤 없이 나아갈 방향과 목표를 함께 논의합니다.

작년, 전국 최초 전 가구 대상 난방비 지원에 이어 올해는 전국 최대 규모의 파주페이를 발행합니다.

이전까지 없던 새로운 기회는 곧, 내 삶이 더 나아지는 파주를 만드는 힘이라는 마음으로, 오직 민생만을 바라보며 끊임없이 도전하고 이뤄내야 할 것입니다.

현재의 변화를 넘어 확실한 발전과 도약을 이뤄내기 위해 '가지 않은 길'에도 거침없이 발걸음을 내디디며 새로운 길을 열었습니다.

파주시의 더 나은 미래를 함께 만들어 나가기 위한 이동시장실은 계속됩니다.

폐교에서 문화공간으로 새롭게 태어난 〈율곡문화학당〉

폐교였던 법원초등학교가 파주시민 모두가 마음껏 다양한 문화를 누리는 공간으로 새롭게 태어났습니다.

'율곡문화학당'이 시민 여러분을 위한 문을 활짝 열었습니다. 율곡문화학당은 문화가 피어나는 공간으로서 율곡 선생의 정신을 담았습니다.

폐교를 활용한 유휴공간 재생사업을 위해 함께하며 적극적으로 힘을 모아주신 파주교육지원청에 감사드립니다.

아시다시피 문화가 지닌 가치, 문화가 이뤄낼 수 있는 가능성은 무한합니다. "오직 한없이 가지고 싶은 것은 높은 문화의 힘"이라는 김구 선생의 말씀이 생각납니다.

문화가 있는 삶에는 설렘과 행복이 있습니다. 문화는 새로운 일상으로 이어지는 길이며 내일을 더욱 기대하게 만드는 희망입니다.

율곡문화학당이 문화로 도약하는 파주 미래의 힘이 될 수 있도록 세심한 관리와 활성화 방안에 힘써야 할 것입니다.

파주시민 여러분 모두 율곡문화학당에서 마음껏 문화를 즐기시길 바랍니다.

율곡문화학당
꿈의 서재
율곡문화학당 꿈의 서재는
파주중앙도서관 기증도서로 운영되는 공간입니

전국 최초 학생전용 통학순환버스 〈파프리카〉

파주시가 또다시 전국 최초의 역사를 썼습니다.

파주형 학생전용 통학순환버스 '파프리카(FarFreeCar)'가 마침내 학생 여러분을 맞이할 모든 준비를 마쳤습니다.

통학 시간은 학생과 차량이 동시에 몰립니다. 1분 1초가 소중한 통학 시간으로 서두르는 발걸음은 혼잡함과 위험 요소를 더 심각하게 만듭니다. 오로지 학생을 위한 맞춤형 교통수단이 필요했습니다.

통학 동선이 곧 노선이 되는 학생전용 교통수단의 신설!

파프리카는 학생의 통학을 책임지겠다는 다짐에서 출발했습니다.

새 학기를 맞이하는 3월 4일부터, 파프리카는 학생 여러분의 안전한 통학을 전담하는 발이 됩니다.

두 개로 나눠진 순환형 노선을 달리는 파프리카는, 총 10개 기점에서 동시 출발합니다.

센티미터급 수준으로 실시간 버스 위치를 제공하는 카카오와 업무협약을 맺은 만큼 더 편리하게 파프리카를 이용할 수 있을 것입니다.

파프리카의 주인공인 학생 여러분과 생생한 후기를 나누는 기회를 만들어, 파프리카가 더 큰 만족도와 편의성을 제공하는 방안이 중요한 만큼 이를 위한 기회를 만들어야 합니다.

파프리카가 향후 전 파주를 누빌 수 있도록, 절반의 시작이라는 마음으로 파프리카 확대 운영을 적극 추진하며 가능성성을 높여나가야 할 것입니다.

결사반대! 온 행정력을 다해 막겠습니다

청천벽력과도 같은 소식을 전해 들었습니다.

여성친화도시이자 성평등 도시인 파주시에서 일본 성인영화(AV) 배우들이 출연하는 성인페스티벌이 파주시 문산읍 '케이아트스튜디오'에서 개최된다고 합니다.

여러분도 아시다시피 성인페스티벌은 당초 수원시에서 개최하려 했다가 수원시와 여성 단체 등 시민단체, 학부모들이 나선 덕분에 무산된 바 있습니다. 이에 주최 측에서는 파주시에서 성인페스티벌을 개최하겠다고 발표했습니다.

그간 파주시는 여성친화도시로서 젠더 폭력 예방 및 성평등 인식 확산을 위해 공직자는 물론이고 시민이 참여하는 교육, 캠페인 등 다양한 특화사업을 추진함으로써 성 평등한 사회를 만들고자 행정력을 집중해 왔습니다. 특히 올해부터는 교육청과 협력해 학생, 교원, 학부모를 대상으로 찾아가는 젠더 폭력 예방교육을 적극 추진하고 있습니다.

이런 상황에서 성을 상품화하고, 여성을 성적 대상화함으로써 잘못된 성인식을 심어줄 수 있는 성인페스티벌이 파주시에서 열리게 된다면 그간 파주시가 적극적으로 만들려 했던 성 평등한 사회 구축은 요원해질 것입니다. 이에 파주시는 성인페스티벌 개최를 결사반대하며, 가용 가능한 행정력을 동원해 시민들과 함께 성인페스티벌을 막아내는 데 최선을 다하고자 합니다.

성인 페스티벌에는 일본 AV 배우들이 출연하는 것으로 알려져 있어, 여성과 성행위의 상품화를 통해 왜곡된 성인식이 확산할 수 있습니다.

AV는 여성의 신체를 대상화하여 과도하게 노출하고, 강제추행 및 강간 등을 조장하는 동영상을 생산하기도 합니다. 또한 AV를 포함해 불법적으로 촬영된 일명 '야동'이 온라인상에서 무분별하게 공유되어 건전한 성인식을 정립해야 할 청소년들 또한 성 착취 사건에 가해자, 또는 피해자로 심심치 않게 등장하는 현실은 미래세대를 위해 우리가 어떠한 선택을 해야 하는지 알려주고 있습니다.

파주시는 성문화 콘텐츠의 자정력이 미성숙한 상황에서 철저히 폭력적인 일부 남성의 시각에서 여성의 비인격화를 조장하는 AV 배우들이 출연하는 성인페스티벌이 우리 지역에서 개최되는 것을 결사반대하며 '여성친화도시 파주'의 완성을 양보할 생각이 없음을 천명합니다.

케이아트 스튜디오 대표에게 부탁드립니다. 전국적인 이슈가 된 성인페스티벌이 케이아트 스튜디오에서 개최된다면 이에 반대하는 여성 단체 및 시민단체를 비롯한 파주시민의 지탄을 피할 수가 없을 것입니다. 또한 경기도 내에서 가장 많은 스튜디오가 있고, 각종 드라마나 영화가 촬영되는 파주시의 스튜디오 산업에도 악영향을 미칠 수 있을 것입니다. 그러니 지금이라도 성인페스티벌 대관을 전면 재검토해 주시길 부탁드립니다.

마지막으로 존경하고 사랑하는 파주시민 여러분께 간곡히 부탁드립니다. 수원시에서 이미 무산된 성인페스티벌이 파주시에서 개최되는 걸 함께 막아주십시오. 성 평등한 파주시를 만드는 데 함께해 주십시오. 건전한 성문화를 만들고, 건강한 미래세대를 길러내는 데 힘을 모아주십시오. 파주시가 앞장서겠습니다.

파주시민 여러분의 든든한 관심과 압도적 지지 덕분에 파주시는 성인페스티벌 개최를 막았습니다. 시민 여러분! 감사합니다.

다시 노란 리본을 꺼내 듭니다

어떤 날은 숫자로 기억됩니다. 제게는 4.16 세월호 참사가 그렇습니다. 2014년 4월 16일, 그날을 저는 절대 잊지 못합니다.

제가 정치를 하기로 마음 먹었던 이유 중 하나가 바로 세월호 참사를 대하는 정부와 사회의 태도 때문이었습니다.

정부는 제대로 구조하지 못했습니다. 책임져야 했지만 발뺌하기 바빴습니다. 진상을 규명하고, 책임자를 처벌하라는 유가족의 절규에 귀를 닫았습니다. 한순간에 자식과 가족을 잃은 사람들을 모욕했습니다. 제대로 된 정부라면, 국가라면, 국민의 목숨을 그렇게 외면해선 안 됩니다.

어떤 숫자는 숫자로만 기억할 수 없습니다. 세월호 참사로 스러진 304명의 목숨은 숫자로만 기억할 수 없습니다. 자식을 잃고, 남편을 잃고, 아내를 잃고, 부모를 잃고 살아남은 사람들의 삶을, 억장이 무너지고 억울함에 잠 못 드는 나날들을 헤아려 봅니다.

어떻게든 시신을 수습하겠다며 차가운 바닷속으로 주저 없이 뛰어들던 민간 잠수사의 마음도, 팽목항으로 달려가던 시민들의 발걸음도, 너도나도 미안하다며 가슴에 노란 리본을 달고 다니던 수많은 사람들의 마음도 기억합니다.

안타깝게도 지금도 국민의 목숨을 책임지지 않는 정부의 행태는 변하지 않고 있습니다.

이태원 참사가 그렇고, 채 상병의 억울한 죽음이 그렇습니다.

그래서 저는 다시 노란 리본을 꺼내 들고 다짐합니다.

더 이상 국가에 의해 외면받는 목숨이 없도록

잊지 않겠습니다.

기억하겠습니다.

행동하겠습니다.

고엽제 민간인 피해자 지원방안 마련
일시 | 2023. 6. 28.(수) 15:00
일촌 주민대피소

고엽제 민간인 피해자를 지원합니다

파주시가 고엽제 민간인 피해자에 대한 위로수당을 지급했습니다.

작년 9월, 전국 최초로 '파주시 고엽제후유의증 등 민간인 피해자에 대한 지원조례' 제정 이후 이뤄낸 결실입니다.

남방한계선 인근의 고엽제 살포는 공식 인정된 사실임에도 민간인 피해 보상은 50년이 넘도록 이뤄지지 않으며 대성동 마을 주민은 고엽제 질환 후유의증을 홀로 견뎌왔습니다.

피해를 입은 분이 단 한 분일지라도 우리는 그 책임을 다해야 합니다.

마침내 다다른 회복과 치유의 역사에서, 그 가치와 의미를 더욱 되새기겠습니다.

앞으로도 파주시는 안보와 평화를 책임지며 희생을 견뎌내 온 주민의 든든한 힘이 되어야 할 것입니다.

아울러, 이 변화가 끝이 아닌 시작이길 희망합니다.

고엽제 민간인 피해자 지원에 더 많은 지자체가 동참하고 나아가 정부가 적극 나서길 바랍니다. 파주시가 앞장서겠습니다.

아울러, 대성동 주민 여러분 존경하고 감사합니다.

주민자치 우수사례 경연대회

파주시 최초의 '주민자치 우수사례 경연대회'를 개최했습니다.

열정, 노력, 화합, 즐거움, 설렘이 가득한 축제였습니다.

대회이기에 등수를 매길 수밖에 없었지만, 시민께서 선보인 결실에 낫고 덜함이라는 것이 있을까요. 발표를 준비하며 들인 노고에 그저 감사하고, 든든한 마음입니다.

파주시가 닿고자 하는 시민의 삶에는 늘 주민자치회가 있습니다.

주민자치회는 소통과 참여의 양 날개로 시민의 일상과 직접적으로 연관된 다양한 활동을 펼쳐나가고 있습니다.

주민이 주인공인 기회를 자발적으로 만들고, 이끌고, 완성하고, 남기는 모든 과정을 이뤄내는 힘이 주민자치회입니다.

파주시 20개 읍면동 주민자치회가 다 함께 도전했던 이날을 깊이 새기며, 주민자치회와 더 가까이 동행합니다.

파주는 시민의 삶에서 시작해 시민의 삶과 늘 함께 합니다.

성매매집결지 폐쇄, 시민 여러분의 힘이 필요합니다

반성매매 시민활동단 '클리어링'의 발대식에 맞춰 그간 파주시의 성매매집결지 폐쇄와 관련해 세간에서 회자되는 여러 억측과 오해를 바로잡고, 왜 파주시가 시민과 함께 성매매집결지를 폐쇄하려 하는지를 설명드리고 더 많은 시민 여러분이 함께 해주실 것을 호소하고자 합니다.

여러분도 아시다시피 저는 지난해 파주시 1호 결재사업으로 '성매매집결지 정비계획'을 천명한 뒤부터 파주읍 연풍리 성매매집결지 폐쇄를 추진해 왔습니다. 1년 넘게 추진해 오면서 저는 성매매집결지가 그동안 폐쇄되지 않고 존속해 온 이유를 헤아려 보았습니다. 크게 3가지 이유 때문이었습니다.

첫째는 오랫동안 중앙정부와 지방정부, 경찰과 검찰 등 공권력이 불법의 현장인 성매매집결지를 묵인하면서 사실상 성매매를 허용한 채 방치해 왔다는 것이고, 둘째는 너무나 예전부터 존속해 온 탓에 많은 사람들이 이에 무감각해지고 무관심했기 때문이며, 셋째는 한때 포주라 불렸던 업주가 지역사회와 너무 유착되어 있을 뿐만 아니라 경제적으로 취약한 여성들을 불법적인 선불금으로 옭아매고, 심지어 막대한 돈을 벌기 위해 인신매매까지 자행하며 성매매피해자를 끊임없이 착취하는 악순환이 계속됐기 때문입니다.

이 세 가지 이유가 서로 얽혀 들어가면서 바로 지금 이 순간에도 성매매피해자는 대한민국 국민이라면 누구나 보장받는 신체의 자유와 안전의 권리를 빼앗긴 채 성매매를 강요당하고 있습니다.

그래서 저는 더 이상 불법을 묵인하지 않기 위해, 성매매피해자의 탈성매매와 건강한 사회복귀를 통한 인권 회복을 위해, 미래 세대에게 성매매라는 부끄러운 유산을 물려주지 않기 위해, 더 나아가 성매매를 허용해 온 대한민국의 부끄러운 사회구조를 해체하기 위해, 성매매집결지 폐쇄를 추진하고 있습니다.

그런데, 파주시의 이러한 원칙과 의지가 곡해되고 사실과 다른 억측과 선부른 오해로 갖은 협박과 음해, 거짓 소문들이 잇따르며 시민들의 눈과 귀를 어지럽히고 있기에 이를 다시 한번 바로잡으면서 성매매집결지 폐쇄를 꼭 완결해야 할 이유를 상세하게 설명드리겠습니다.

첫째, 성매매집결지 폐쇄는 재개발과 무관합니다. 일각에서는 재개발을 통해 파주시가 모종의 이익을 얻고자 강제 철거하는 것 아니냐고 주장합니다. 이는 전혀 사실이 아닙니다. 성매매집결지를 포함해 파주 1-3 재개발 사업은 민간에서 시행하는 것으로 파주시와 전혀 관계가 없으며, 행정대집행을 통해 성매매피해자를 상품으로 전시하는 일명 '유리방' 등 건축법에 따라 불법 증축된 위반 건축물을 일부 철거한 것입니다.

둘째, 파주시는 성매매피해자의 탈성매매와 자활을 위한 대책을 마련해 놓았고, 현재까지 6명이 생계비, 주거비, 직업훈련비 등의 지원을 받고 있습니다. 최근 일부 언론에서는 파주시가 성매매 여성의 생계대책을 마련하지 않은 채 성매매집결지를 강제적으로 폐쇄하려 하면서 성매매 여성이 빈손으로 쫓겨날 위기에 처했다고 보도했습니다. 역시 사실과 다릅니다. 파주시에서는 〈파주시 성매매피해자 등의 자활지원 조례〉를 제정해 2년간 생계비, 주거비, 직원훈련비를 지원하고, 2년 후에는 자립지원금도 지원합니다. 성매매피해자에게 18세 미만의 자녀가 있을 경우 별도로 지원하고 있습니다. 타 지자체들이 통상 1년을 지원하고 있는 반면, 파주시는 2배로 기간을 늘려 탈성매매 이후에도 경제적 어려움 없이 생활할 수 있는 기반을 마련할 수 있도록 돕고 있습니다.

셋째, 파주시는 성매매피해자의 의견을 충분히 들으면서 성매매집결지 폐쇄를 추진하고 있으나 불법을 묵인하라는 요청은 받아들일 수 없었습니다. 일각에서는 성매매여성 당사자의 이야기를 듣는 자리가 한 차례만 있었을 뿐 충분한 시간이나 의견 수렴 없이 일방적으로 성매매집결지를 폐쇄하고 있다고 주장합니다. 이는 사실이 아닙니다. 그간 6차례에 걸쳐 저를 비롯해 파주시 부시장 등과의 면담이 있었지만, 이 자리에서 한결같이 "3년 동안 유예기간을 주면 자립하는데 필요한 자금을 모아서 나가겠다"는 주장만 되풀이해 왔습니다. 사실상 성매매를 묵인해달라는 업주의 주장이 성매매피해자의 입을 빌어 나오고 있는 것입니다. 과거 성매매방지법이 제정되고, 전국적으로 성매매집결지에 대한 대대적인 단속이 이뤄지던 2000년대 중후반, 파주시에서 성매매집결지를 폐쇄하려 나서자 업주들은 그때도 3년간의 유예기간을 요구하며 맞섰습니다.

그 결과가 어땠습니까?

성매매집결지는 여전히 건재하고 매일 밤마다 무법지대로 돌변하고 있습니다. 업주는 성매매피해자의 몸을 상품으로 내걸어 이윤을 추구하고 있습니다. 성구매자는 '어쩌지 못하는 욕구'라는 말도 안 되는 핑계로 일그러진 성문화를 조장하며 성매매피해자에게 입에 담지 못할 끔찍한 성착취를 가하고 있습니다. 저는 파주 성매매집결지에 강제적으로 붙잡혀 있다 탈출하거나 탈성매매에 성공한 분들의 이야기를 들었습니다. 거짓말과 강요에 의해 성매매집결지에 왔다가 탈출한 어떤 분은 "저 같은 피해자가 다시는 나오지 않게 꼭 성매매집결지를 폐쇄해달라"고 말했고, 또 다른 분은 손편지를 통해 폭력과 착취의 현장인 성매매집결지의 실상을 낱낱이 전하며 "꼭 없애달라"고 호소했습니다.

마지막으로, 파주시는 성매매를 알선, 권유, 유인, 강요하는 행위를 하는 업주, 성매매 장소를 제공하는 건물주, 성 구매자 등이 행하는 불법행위에 엄중하게 대처하려 하는 것일 뿐입니다. 제가 성매매집결지 폐쇄를 추진하면서 가장 용납하기 힘든 것은 막대한 불법 수입을 올리는 업주는 뒤로 숨고 성매매피해자를 앞세우는 업주들의 행태입니다.

탈성매매에 성공한 성매매피해자의 말을 들어보면, 성매매 현장에서 벗어난 뒤에야 업주에게 속았다는 것을 알게 된다고 합니다. 불법적인 선불금은 갚지 않아도 되고, 성매매를 강요하는 행위는 처벌을 받게 되어 있습니다. 그런데도 성매매를 하고 있다는 걸 가족에게 알리겠다거나 여기서 나가도 반드시 잡아오겠다는 협박과, 사회에서 절대 받아주지 않을 것이라는 말로 업주들이 성매매피해자를 길들인다는 것입니다.

성구매자들 또한 온갖 폭력적인 행위로 여성들을 학대하는 일이 부지기수라고 합니다. 성매매는 개인 간의 자유로운 거래 행위가 아닌 성착취가 발생하는 불법행위입니다. 이런 불법행위는 일각에서 주장하는 '성노동'이 아닙니다.

이에 파주시는 행정대집행과 관련한 법원 판결이 나오는 대로 행정대집행을 순차적으로 계속 진행할 예정이며, 성매매처벌법상

몰수 및 추징 조항에 따라 성매매 알선 등의 행위를 한 업주 등에 대해 법적 대응도 준비하고 있습니다.

성매매피해자에게 호소합니다. 파주시가 여러분을 지원하겠습니다. 여러분의 신변은 확실히 보호되고 생계, 주거, 직업훈련비뿐만 아니라 자립지원금과 법률 및 의료지원도 하고 있으니 걱정 말고 나오십시오. 벌써 6명이 파주시로부터 지원을 받고 있습니다. 여러분의 용기에 파주시가 화답하겠습니다. 여러분을 두 팔 벌려 환대하겠습니다.

경찰 당국에 호소합니다. 성매매를 알선하고 강요하는 행위는 모두 불법이고, 법적 처벌 대상입니다. 파주 성매매집결지에서 무슨 일이 벌어지고 있는지 온 세상이 다 알고 있습니다. 2021년 경기남부경찰청이 수원역 성매매집결지를 대대적으로 단속하고 업주를 처벌해 성매매집결지를 폐쇄했던 것처럼 성매매를 알선하는 업주와 성구매자 단속에 적극 나서주십시오. 지난해 체결한 업무협약서에 명시된 것처럼 "성매매집결지 일대를 '범죄예방구역'으로 지정하고 성매매 알선 등 업주, 장소를 제공한 건물주 단속을 적극 추진"해 주십시오. 간곡히 부탁드립니다.

마지막으로 존경하고 사랑하는 파주시민 여러분께 호소드립니다. 파주시가 싸우는 대상은 성매매를 허용하는 사회구조와 착취와 폭력으로 막대한 이익을 얻어온 성산업입니다. 현재 파주시를 비롯한 다른 지자체에서도 성매매집결지를 폐쇄하려는 움직임이 계속 진행되고 있습니다. 이는 파주시만의 문제가 아니라 대한민국의 문제입니다.

이제 우리 아이들에게 이러한 부끄러운 현실을 물려주지 않도록, 성매매피해자가 낙인과 혐오, 폭력과 착취에서 자유로워질 수 있도록, 우리 아이들이 연풍리 일대에서 마음 놓고 걸어다닐 수 있도록, 파주시를 성평등 도시로 만들고 건전한 성 문화가 정착될 수 있도록, 파주시의 성매매집결지 폐쇄에 동참해주십시오.

여러분의 힘이 절실합니다.

파주시가 앞장서겠습니다.

1,400만 경기도민을 환영합니다

'제14회 경기도장애인체육대회 2024 파주'를 개최합니다!

경기도 31개 시 · 군의 5,000여 명의 선수단이 17개 종목에 출전합니다.

명실상부 평화를 상징하고 대표하는 파주에서 열리는 대회인 만큼, 주 경기장이 아닌 임진각 평화누리에서 개회를 맞이합니다.

평화의 힘으로 더 나은 미래를 꿈꾸는 염원이 깃든 장소에서, 파주시민과 함께 경기도장애인체육대회의 성공을 기원합니다.

이와 더불어 '제70회 경기도체육대회 2024 파주'를 1,400만 경기도민께 선보입니다.

파주시민 여러분과 함께 오랫동안 기다리고 기대해 온 순간입니다. 도전은 늘 설레지만 긴장되고 떨리지만 두근거립니다. 이는 파주의 마음가짐이고 경기를 앞둔 선수단의 심정이기도 할 것입니다.

파주 역시 경기도체육대회가 파주시민의 자부심이자 파주의 자랑이 되길 기대합니다. 그동안 열심히 노력하고 준비해 온 결실을 보여드릴 시간입니다.

파주시민과 함께 31개 시 · 군 선수단 여러분을 응원합니다.

화이팅!

파주시 레슬링협회
파주시 검도회
드민턴협회
PAJU
파주시체육회
제70회 경
THE 70th GYE
파주시 방

육대회 2024 파
RTS FESTIVA 2024
2024 PAJU
파주시
체육대회 2024 파주
DO SPORTS FESTIVAL 2024 PAJU
2024 PAJU
을 환영합니다

노무현 정신을 기억하겠습니다

노무현 대통령님을 그리워하는 발걸음이 봉하로 향하고, 노무현 정신을 기억하는 수많은 마음들이 희망을 품고 나아갑니다.

대통령님의 온 생애와 민주주의를 향한 뜨거운 열정을 저 역시 마음에 되새깁니다.

노무현 대통령님께서는 '비가 오지 않아도, 비가 너무 많이 내려도 다 내 책임인 것 같았다'고 말씀하셨습니다. 지금 우리는 이와 같이 말하는 정치인과 행정가 그리고 대통령이 간절히 필요합니다.

'대통령을 욕하는 것은 민주사회에서 주권을 가진 시민의 당연한 권리'라고 말씀하셨기에 깨어있는 시민의 조직된 힘이 더 나은 내일을 만들어 나갈 수 있었습니다.

우리 마음속에 영원히 함께할 노무현 대통령님과 노무현 정신을 기억하겠습니다.

시민과 함께 이뤄나가야 할 변화, 더 나은 민주주의를 향한 책임을 깊이 되새기고 행동하겠습니다.

'해바라기'와 함께한 이동시장실

발달장애인 자조모임 '해바라기'와 함께 이동시장실을 개최했습니다.

모두가 함께하는 공동체의 필요성은 모두가 공감하고 있지만 이를 위한 이해와 배려, 그리고 노력은 여전히 부족한 듯합니다.

아카데미 4관왕을 달성하며 전 세계에 놀라움과 감동을 선사한 봉준호 감독은 할리우드의 전유물이라 여겼던 아카데미 무대의 장벽을 부수며 새로운 물결을 이뤄냈습니다.

무한한 가능성과 희망을 안겨준 봉준호 감독이 제일 좋아하는 대사는 "이게 오랫동안 닫혀 있어서 당연히 벽인 줄 알았겠지만 사실 문이다"라고 합니다.

이처럼 우리 사회에는 아직 열리지 않은 문이 많습니다.

벽이라고만 여겼던 생각에 의지와 행동을 두드리는 순간, 함께 나아가는 길로 이어지는 문이 될 수 있습니다.

이동시장실을 통해 확인했습니다. 이제 우리는 '벽'이 아닌 '문'을 생각하며 또한 기대합니다.

해바라기와 함께한 이동시장실의 의미와 역할을 되새기며, 문을 열기 위한 노력에 앞장서겠습니다.

대북전단 살포를 반드시 막겠습니다

존경하고 사랑하는 파주시민 여러분.

저는 오늘, '시민의 안전은 그 무엇보다 중요하다'라는 확고하고 강경한 원칙 하에 이 자리에 섰습니다. 어제 저는 국회 소통관에서 기자회견을 열었습니다.

북한 당국에, 오물풍선 도발을 멈추고 평화와 협력의 길로 돌아올 것을 요청하며, 접경지역 시민의 일상과 생업을 위협하는 대북전단 살포를 즉각 중단할 것을 촉구했습니다. 그리고 정부와 국회에, 더 이상 오물풍선이 대한민국 땅을 유린하지 않도록 모든 방법을 동원해 줄 것을 강조하며, 일부 민간단체의 무분별한 대북전단 살포를 막을 수 있는 '남북관계발전법' 개정안의 조속한 처리를 요청드렸습니다.

기자회견 이후 많은 시민께 감사와 응원의 말씀을 들었습니다. 오물풍선과 대북전단으로 인해 불안에 떨고 있는 파주시민의 고통을 여실히 느끼며, 평화의 중요성을 다시금 체감했습니다.

우리는 2015년 대북확성기로 유발된 연천포격사태와, 2020년 남북공동연락사무소 폭파 사건과 같은 일촉즉발의 역사를 아직도 선명하게 기억하고 있습니다.

이에, 시민의 소중한 일상과 안전을 지키고자 대북전단 살포를 중지해달라고 강력히 호소했음에도 불구하고 어젯밤 파주에서 대북전단 살포 행위가 벌어졌습니다. 어제, 오후 10시경 남북중앙교

면 주민은 불안해서 못살겠
PAJU

회 인근에서 대북전단 살포 행위가 포착된 동향을 보고받고 즉각 현장으로 달려가, 저와 공직자가 힘을 합쳐 온몸으로 막은 끝에 추가 살포를 저지했습니다.

대북전단 풍선 살포 시도는 파주시민의 생명과 안전을 담보로 벌인 무책임한 행동이자 명백한 위협입니다. 그럼에도 대북전단 살포를 시도한 자유북한운동연합의 박상학 대표는 당시 현장에 있는 저와 공직자에게 위협적인 언행을 하며, 폭행을 예고하는 협박도 벌였습니다. 이에, 파주시는 '대북전단 살포'를 사회재난에 준하는 사태로 판단하고, 충분한 법적 검토를 거쳐 위험구역 설정을 적극 추진하고자 합니다.

정부에서는 군사 충돌과 전쟁위험으로까지 번질 수 있는 대북전단 살포의 위협을 고려하여, 적극적인 법 해석과 협조를 요청드립니다.

향후 파주시는 위험구역으로 설정된 전 지역을 대상으로 경기도 특사경과 함께 모든 행정력을 총동원해 대북전단 살포를 원천적으로 봉쇄하겠습니다.

파주는 대북전단 살포 행위를 방지하는 행정력을 총동원하여 시민의 안전과 생명을 지키겠습니다.

부디 평화를 위해 모두가 함께 강력히 나서주실 것을 요청드립니다.

대북전단 살포 행위를 보고받고 즉각 현장으로 달려가 추가 살포를 막았습니다. 파주시민의 삶과 평화를 위협하는 행위는 용납할 수 없습니다.

시민중심
더 큰 파주
미래도약 경제도시

삼광고등학교 신문반 인터뷰

시장실 문을 직접 두드린 특별한 손님이 찾아왔습니다.

삼광고등학교 신문반 학생 여러분과 인터뷰를 진행하며 특별한 시간을 보냈습니다.

솔직히 가벼운 마음으로 시작한 인터뷰였는데, 첫 답변을 할 때 긴장하고 있는 자신을 발견했습니다. 초반의 떨림은 시간이 지날수록 진지해지며 답변이 길어지는 모습으로 변했습니다.

고교시절 꿈과 정치를 시작한 계기, 행정 업무를 대하는 마음가짐, 가장 중요하게 생각하는 정책 등 1시간을 훌쩍 넘긴 인터뷰를 마쳤을 때, 긴 일기장을 써 내려간 기분이 들었습니다.

뜻깊은 시간을 만들어 준 삼광고등학교 학생 여러분이 참 고맙습니다. 경제, 문화, 교통 등 적성면에 대한 다양한 현안과 파주 발전을 위해 준 아이디어를 깊이 고민하고 생각하겠습니다.

학생들과 함께한 시간을 곱씹을수록 학생들이 성인이 되는 파주의 미래가 기대됩니다.

내가 자라나고 있는 파주가 더욱 살기 좋은 도시가 되길 바라는 학생 여러분의 바람에 책임감을 되새깁니다.

삼광고등학교 신문반 학생 여러분, 고맙습니다!

극한 폭우에도 안전이 우선입니다

기록적인 폭우에 몸은 분주하고 마음은 심란합니다. 그럴수록 온 신경을 곤두세우며 발 빠르게 움직였습니다.

잠 못 이루는 밤을 지나 새벽 내내 상황 보고를 받고 현장 점검을 지속하는 동안 아침이 밝았습니다. 다행히 폭우가 소강상태를 보이고 있지만, 파주시는 현재 재난안전대책본부 상황실과 각 읍면동에 비상근무 태세를 유지하며 신속한 대응에 최선을 다하고 있습니다.

새벽에는, 재난 안전 위기경보를 최상단계인 3단계로 격상하고 하천 인근 마을 주민분들을 긴급 대피시켰습니다. 현장에서 응급복구와 피해조사를 마친 이후, 마을회관에 계신 이재민을 찾아뵈었습니다.

호우 피해로 몸과 마음 모두 지친 이재민께 깊은 위로를 드립니다. 주민 피해를 최소화하고 하루빨리 일상으로 복귀할 수 있도록 파주시가 현장에서 더 분주히 움직여야 합니다.

국소단장을 소집한 대책회의에서 강조했듯, 이전까지와는 다른 양상을 보이는 폭우에 대응하려면 기존 대책과 차원이 다른 새로운 대책이 필요합니다. 복구에 최선을 다하는 동시에, 호우에 대비하는 중·장기적 종합계획을 선제적으로 수립해 나가야 합니다.

안전이 가장 우선이고 가장 중요합니다.

극한 폭우에 맞서 시민의 안전을 지키기 위해 끝까지 모든 행정력을 총동원하겠습니다.

파주교통비전으로 이렇게
PBRT중심 대
2023
연간 사고 발생
30% 사고 감소
1,211건
사망 14명
2030

2030 파주 교통혁명

민선 8기의 전환점을 맞이하며 새로운 시작을 다짐하는 교통비전을 선포했습니다.

파주의 가장 큰 이슈는 단연 교통입니다. 제가 이동시장실에서 가장 많이 들었던 현안이 교통 분야였으며, 얼마 전 시민대토론회에서도 돋보이는 현안 역시 교통이었습니다.

교통은 모든 시민의 삶이자 도시 경쟁력을 결정하는 힘입니다. 50만 대도시로의 성장을 이뤄낸 파주가 100만 자족도시로 도약하는 길은 교통에 있습니다.

변화의 중심에 서 있는 파주는 새로운 도전, 가지 않는 길로 나아가며 계속하여 새로운 역사를 써 내려가고 있습니다.

파주가 경기도 최초로 시행한 똑버스, 전국 최초 도입한 학생 전용 통학순환버스 '파프리카', 개통을 앞둔 GTX-A, 서해선 파주연장 확정이 이를 증명합니다. 이 모든 의미에서 파주의 교통 비전은 변화와 발전을 넘어, 혁명을 선포합니다.

더 빨라지고, 더 가까워지고, 더 안전해지는 파주 교통의 미래를 시민과 함께 꿈꿉니다. '2030 파주 교통혁명'은 시작되었습니다.

담대한 교육혁신, 파주가 시작합니다

파주시가 '교육발전특구'로 선정됐습니다.

교육발전특구 선정에 따라 3년간 국비를 지원받는 한편, 파주시가 맞춤형 교육정책을 펼칠 수 있는 자율성이 생겼습니다. 두 번의 도전 끝에 이뤄낸 결실입니다.

교육도시 파주의 미래를 열기 위해 제가 직접 두 차례 대면심사 발표자로 나섰습니다. 교육발전특구 지정에 따라 파주시는 새로운 '전국 최초'의 기록을 이어갈 수 있게 됐습니다.

전국 최초로 "파아랑 학교"(파주형 유보통합 모델학교)를 운영합니다. 초등 저학년 학생도 유치원, 어린이집 시설을 이용해 방과후 교육과정을 받을 수 있는 미래를 준비합니다.

학교폭력 없는 파주시로 전진합니다. "보다듬학교" 사업을 통해 학습권과 교권 보호를 강화하고, 분리교육 제도를 운영하는 과정에 파주시가 적극 개입할 수 있는 길이 열렸습니다.

학생 전용 통학순환버스 '파프리카' 운영, 초등학교 입학 축하지원금 지급, 학생자치 축제 예산 지원 등으로 이어지는 '전국 최초' 정책으로 파주의 교육이 더 새로워집니다.

이제 '수도권 접경지역에 대학 입지 규제를 완화하는 특례'를 적용받는 시대를 시작합니다. 대규모 기업과 학교를 적극 유치할 수 있는 새 길이 열렸습니다.

파주시민과 함께 더 새롭고 더 행복한 기회의 도시 파주를 기대합니다.

빛 어린이병원」 지정 현판식
PAJU 파주시
2024. 7. 31.
VC365 병원

파주시 어린이를 비추는 달빛이 더욱 환해집니다

파주시 달빛어린이병원이 최초를 넘어, 또다시 새로운 문을 열었습니다.

아이들의 건강을 지키는 든든한 힘이 되어주며 부모님께서 안심하실 수 있도록 소중한 결정을 내려주신 의료진 여러분께 깊이 감사드립니다.

달빛어린이병원은 주말과 공휴일에도 의료공백 없이 아이들의 건강을 책임집니다.

내일을 준비하기 위해 깊이 잠든 저녁을 환히 비춰주는 달빛처럼, 365일 열려 있는 달빛어린이 병원은 소아청소년을 위한 맞춤형 진료체계와 전문적인 소아진료를 이뤄나갑니다.

자라나는 아이들을 위한 의료 서비스가 양과 질 모든 측면에서 더 큰 발전에 도달할 수 있도록, 지속적 협업과 필요한 지원이 아낌없이 이뤄져야 할 것입니다.

아이들과 부모님의 밤을 지키는 달빛이 더욱 따스하게 빛나는 미래를 기대합니다.

청소년과 함께한 100회 이동시장실

소통의 발걸음, 이동시장실이 100회를 맞이합니다.

이동시장실은 제가 시장이 되고 나서 가장 하고 싶었던 일이었습니다. 시민에 의해 일하는 기회와 권한을 부여받은 시장이 시민을 만나지 않고는 무슨 일도 제대로 할 수 없다고 생각합니다. '시민중심 더 큰 파주' 파주의 슬로건입니다. 적어도 제 임기에서만큼은, 시민 여러분이 곧 파주입니다.

시민과 함께 시민이 바라는 변화를 만드는 파주의 미래가 제가 그리는 '더 큰 파주'의 모습입니다. 앞으로도 이동시장실을 통해 저를 많이 활용해 주십시오! 더 부지런히 움직이며, 더 많은 목소리를 듣겠습니다.

100회 이동시장실의 주인공이 되어준 파주 청소년 여러분 고맙습니다. 청소년 여러분의 꿈과 도전을 늘 응원하겠습니다.

파주는 청년에 진심입니다. 파주가 청년에게 가장 주고 싶은 것은 '발휘하는 기회'입니다.

청년이 바라는 세상을 만들기 위해 목소리를 발휘하는 기회!

꿈과 목표를 향해 그동안 쌓은 노력과 경험을 발휘하는 기회!

청년 스스로 자신의 삶을 마음껏 살아갈 수 있도록 도전정신과 용기를 발휘하는 기회!

이 모든 기회를 위해, 파주는 미래의 주인공인 청소년 및 청년과 늘 함께 하겠습니다.

대화하는 시장
열일하는 파주
만족하는 시민
제100회
청소년과 함께하
구석구석
구 석
#이동시장

대화하는 시장
열일하는 파주
만족하는 시민
제100회
청소년과
구석
#100호

평화미(米)소

평원 벼를 아시나요?

평원 벼는 남과 북의 벼를 교배해 만든 우리나라 유일의 벼입니다.

남과 북, 공존과 평화를 상징하는 평원 벼로 만든 햅쌀을 파주는 '평화미(米)소'라 이름 지었습니다.

평원 벼는 추석 전에 수확할 수 있도록 개발한 조생종 품종인 만큼, 오늘 수확하는 평원 벼가 평화미소의 이름을 달고 전국 방방곡곡 추석상에 올라가길 기대합니다.

평원 벼와 평화미소가 농업인 여러분께는 명실상부한 자부심을 안겨줄 것입니다.

평화미소가 시민께는 평화로의 염원과 희망을 안겨주며 파주를 대표하는 브랜드로 거듭나길 바랍니다.

다가오는 한가위에는 농가의 웃음과 결실이 더욱 커지길 바라며, 농업인 여러분의 땀과 정성이 더 큰 수확으로 다가오는 미래를 희망합니다.

평화미소
평화미소
팔주쌀

기본사회지방정부협의회 회장에 당선됐습니다

〈기본사회지방정부협의회〉 회장에 당선됐습니다.

전국 시장 · 군수 · 구청장들의 모임인 〈기본사회지방정부협의회〉 회장 선거 결과, 제가 2대 회장에 당선됐습니다.

저는 파주시가 '기본사회 선도도시'로 거듭나는 소중한 꿈을 갖고 있습니다. 지난 2년, 파주시는 전국 최초로 재난지원금을 지급했고, '지역화폐'도 전국 최대 규모로 발행하고 있습니다. 이런 성과를 계승해 파주형 기본소득을 본격화하는 지혜가 필요합니다.

파주시민이라면 누구나 집값 걱정 없이 살아갈 수 있도록 〈파주형 기본주택〉이 마련되고 전국 최초로 '파주 공공은행 설립'에 착수하는 노력으로 〈파주형 기본금융〉의 새 시대가 열린다면, 파주시민의 삶이 획기적으로 바뀔 것입니다.

전국 최초 학생전용 통학순환버스인 '파프리카'와 수요응답버스 '똑버스'를 전면 확대 개편하는 〈기본교통정책〉, '교육발전 선도지구 지정'을 계기로 공교육을 강화하는 〈파주형 기본교육정책〉, 자족도시 실현을 위한 '상생경제 플랫폼 구축'을 핵심 내용으로 하는 〈기본경제정책〉도 기본사회의 핵심정책이 될 수 있습니다.

파주시가 전국을 선도하는 '기본사회'를 향해 달려가는 미래를 바라봅니다. 모두가 주목하고 부러워하는 파주시, 모두가 따라 배우는 파주시가 된다면 시민의 행복과 파주 발전이 이전에 없던 수준으로 발전하지 않을까요?

파주시민 여러분께서 '기본사회'로 함께 가는 발걸음을 기대합니다.

당선 시 명칭은, '기본소득지방정부협의회' 였으나 이후 '기본사회지방정부협의회'로 명칭이 변경되고 현재까지 해당 명칭을 사용하고 있어, 가독성을 위해 '기본사회지방정부협의회' 회장 당선으로 표기했습니다.

제1회
파주시 기업박람회
made in Paju!
파주 우수 기업제품이 한자리에!
주최 PAJU 파주시
주관 파주시 기업박람회 추진위원회

미디어 (Zone media)
스피커, 앰프, 마이크, 디지털 프로세서
A37

Made in Paju 〈제1회 기업박람회〉

파주 경제가 웃었습니다.

임진각에서 열린 〈제1회 파주시 기업박람회〉을 성황리에 마쳤습니다.

제1회 파주시 기업박람회는 파주가 또 다시 세운 최초의 역사입니다.

파주 기업의, 파주 기업에 의한, 파주 기업을 위한 자랑스럽고 독보적인 역사라 자부합니다. 기업 제품과 브랜드를 선보이고 판매하며 기업 간 교류하는 무대에 무려 140개의 파주기업이 참여하고, 5만 명이 넘는 분들께서 방문해 주셨습니다.

'Made in Paju'

파주만의 외침이 아니라 모두가 인정하고 신뢰하는 브랜드, 경제도시 파주의 내일을 희망합니다.

기업박람회를 빛내주신 파주 기업과 시민 여러분! 감사드립니다.

파주 기업의 무한한 발전을 기원합니다.

'제발 살려달라'라는 절규

"접경지역에 사는 게 죕니까? 대남확성기 때문에 집이 무서워졌습니다!"

접경지역 주민간담회에서, 대성동마을 주민께서 외친 절실하고 절박한 말씀입니다. 참석해 주신 주민분들의 모습에 공포와과 분노, 불안과 답답함이 가득합니다.

이러한 상황인데도, 정부에서는 관심도 의지도 없어 보입니다. 다행히, 국회가 나서주었습니다. 우원식 국회의장님께서 통일촌을 방문하여, 주민분들께서 겪고 계신 아픔과 고통을 생생히 경청해 주셨습니다.

한낮에도 강변북로와 맞먹는 소음이 듣도 보도 못한 해괴한 소리를 내며, 24시간 내내 민북지역 주민의 삶을 갉아먹고 있습니다.

불편하고 거슬리는 수준이 아니라, 말 그대로 생계가 걸린 심각한 사안입니다. 문제는 현 상황이 언제 끝날지 모른다는 것입니다.

"제발 살려달라"라는 주민분들의 절규에 정부가 적극 나서길 강력히 호소 드립니다.

남북관계가 강대강 대결로 치달을수록, 파주시민의 국민의 안전과 일상이 무너집니다. 기조를 바꿔, 대북전단 살포를 강력하게 막고 북한 오물풍선 대응에도 적극 나서주길 바랍니다.

대남 확성기 소음·대북 전단 살포 피해 관련
우원식 국회의장 파주시 접경지역 주민 간담회
2024. 10. 21.(월)
통일촌 민방위대피소
시민중심 더 큰 파주

come back home
납북자

대북전단
살포 중단하라
파주시민의
대북전단 살포
김경일

전쟁을 바라지 않는다면, 우리가 먼저 멈추어야 합니다

"불안해서 못 살겠다! 대북전단 살포 중단하라!"

아침, 임진각 일대가 팽팽한 긴장감으로 가득했습니다.

가을걷이에 한창 바쁠 시기에 우리 농민들은 농사일을 접고 나와 저마다 피켓을 들고 구호를 외쳤습니다.

대성동 마을 농민 50명은 트랙터 20대를 몰고 나와 임진각 진입로 차선 하나를 막아섰습니다. 트랙터마다 '북한의 소음방송, 민통선 주민 못살겠다', '우리도 좀 살자'라는 호소가 담긴 현수막이 내걸렸습니다.

납북자 피해가족협의회가 대북전단 살포를 예고한 그날입니다.

경기도와 경기북부경찰, 소방에서 800명이 현장에 배치됐고, 저 역시도 대북전단대응TF 의원님들과 함께 이 팽팽한 긴장 상황의 한가운데로 나섰습니다.

우리 파주시는 경기도가 파주시를 비롯한 3개 시군을 재난안전법상 위험구역으로 설정한 이래 처음으로 '대북전단 살포행위를 즉각 중지하라'는 명령을 내리고, 명령에 불복할 경우 강제 퇴거와 법적 처벌이 내려질 수 있음을 경고했습니다.

주민들과 함께 강경한 저지로 다행히 충돌없이 상황이 일단락되었지만, 대성동 주민들의 삶의 터전에서는 밤낮없이 계속되는 북한의 대남확성기 소음 공격으로 전쟁터나 다름없는 일상이 이어지고 있습니다.

주민들이 느끼는 고통의 실상이 어느 정도일지, 임진각에서 발걸음을 돌려 대성동 마을로 직접 가 보았습니다.

각종 야생동물들의 울음소리, 귀신 흐느끼는 소리, 쇠 긁는 소리 등 상상 이상의 소름끼치는 소리가 온 마을을 휘젓고 있었습니다. 33일째 소음에 시달리고 있는 주민들의 절절한 목소리에 가슴이 아팠습니다.

대북전단 살포에 오물풍선으로 맞서던 북한은 대남확성기 소음 테러에 이어, 수십 년 공들인 남북 경협의 상징물들을 남김없이 파괴하고, 핵미사일까지 쏘아올리며 위협의 수위를 최고조로 끌어올리고 있습니다.

주민들은 생계 걱정을 넘어 이제는 생존의 위기를 느끼고 있습니다.

이미 너무 멀리 와버린 건지 모르겠습니다. 하루아침에 상황이 바뀌지는 않을 것입니다. 하지만 지금 이 순간 주민들의 바람은 아주 단순합니다. 최소한 우리부터 먼저 멈추자는 것입니다. 전쟁의 불씨가 될 수 있는 그 어떤 행동도 더 이상 반복해선 안 된다는 것입니다.

70여 년 남북 분단의 최전선에서 무수한 위기 상황을 경험하며 얻은 대성동 마을 어르신들이 제게 들려준 깨달음의 한 마디가 오래도록 가슴에 남는 하루였습니다.

전쟁을 바라지 않는다면, 우리가 먼저 멈추어야 합니다.

2024 대한민국 좋은법 · 좋은정책, '파프리카'

학생전용 통학순환버스, '파프리카(Far Free Car)'가 뉴스토마토가 선정한 '2024 대한민국 좋은법 · 좋은정책'에 선정됐습니다.

파프리카는 민생과 기본교통을 향한 책임으로부터 시작됐습니다. 학생의 아침이 여유롭고 학부모님이 안심할 수 있도록 파주시가 안전하고 편안한 등굣길을 책임지겠다는 다짐이 첫 단추였습니다.

'안 된다', '불가능하다'라는 답변을 무수히 많이 받았지만, '한정면허 활용' 등 그때마다 방법을 찾아 해결했습니다.

마침내 파프리카는 매일 7~800명이 넘는 학생이 이용하는, 안전하고 편리한 일상이 되었습니다. '더 멀리 달리겠다'라는 이름 그대로, 곧 금촌 · 문산 권역으로의 확대를 앞두고 있습니다.

시민을 위해 시작했던 새로운 도전이 시민께서 누리는 더 편리하고 안전한 일상이 되기까지, 파프리카를 위해 애써주신 모든 분들께 감사드립니다.

좋은법 대상을 수상하신 박정 의원님께도 축하의 말씀을 전하며 파주 상생발전을 위해 앞장서 주신 노고에 감사드립니다.

파프리카는 오늘도 달립니다.

파프리카는 멈춤 없이 달립니다

파주가 자랑하는 학생전용 통학순환버스 '파프리카'가 금촌 · 문산 지역 운행을 시작합니다. 올 3월, 파프리카의 첫 시작을 알리면서 파주 북부지역으로의 확대를 다 같이 염원했는데, 마침내 결실의 순간을 맞이했습니다.

파프리카는 올해 파주시 행정 최고의 히트상품입니다. 전국 최초의 학생전용 통학순환버스 파프리카를 향한 언론과 지자체들의 관심이 쏟아졌습니다. 방송 인터뷰를 할 때마다 빠지지 않는 핵심 질문이 바로 파프리카였습니다.

우리 학생들이 안전하고 편리하게 등 · 하교하며 학부모님께서 안심하길 바라는 마음으로 시작한 파프리카는, 학교장만 통학버스를 운행할 수 있는 기존 법규의 한계를 '한정면허'를 통해 넘은 적극행정의 결과물입니다.

오직 시민만을 바라보며 가로막힌 모든 벽을 뚫고 맞이한 변화는, 매일 7~800여 명의 학생이 파프리카를 이용하는 일상. 그리고 금촌 · 문산 지역을 달리는 파프리카의 새로운 노선입니다.

우리 아이들의 미래를 위해, 수소버스로 운행하는 친환경 이동수단이라는 점 역시 의미가 남다릅니다.

파프리카 확대 노선은 12월 한 달 동안 시범운행을 거쳐 내년 3월부터 본격적으로 운행됩니다. 우리 학생들의 안전을 책임지는 파프리카는 멈춤 없이 달립니다.

파주형 학생전용 통학순환버스
파프리카
파주 북부에서도
달린다!
2024.11.26.화
Far Free car
파프리카
파주형 학생전용
통학순환버스
파프리카
금촌·문산
개통식
어디서든지 자유롭게! 안전하고 편리한 파프리카

함께 이룬 1000만 발걸음
기념식
통일부
경기관광공사

천만 관광 시대를 맞이합니다

파주가 천만 관광 시대를 열었습니다.

〈DMZ 평화관광〉이 관광객 누적 1천만 명을 넘었습니다. 1천만의 숫자에 담긴 의미와 노고를 되새깁니다. 국내를 넘어 전 세계의 발걸음이 파주에 머물렀고, 관광이 멈춰버린 코로나 위기도 이겨냈습니다.

22년 동안 DMZ 평화관광을 이끌어 온 모든 분들의 정성과 헌신에 깊이 감사드립니다. DMZ 평화관광은 파주를 널리 알리는 힘이자, 지역경제를 책임져 온 원동력입니다.

DMZ. 우리 민족의 아픔이 담겨 있는 동시에 평화를 상징하는 특별하고 소중한 공간입니다. 해를 거듭할수록 더 많은 발걸음이 DMZ 평화관광에 함께하며 잊지 말아야 할 역사를 기억했고, 평화를 염원하는 마음 역시 커졌습니다.

그러나 오늘을 온전히 기뻐할 수만은 없습니다. 극심한 남북 긴장 관계 속, 대남확성기 소음으로 일상을 빼앗긴 파주시민께서 극심한 스트레스와 두려움을 호소하고 있기 때문입니다.

'오로지 평화만이 살 길'이라는 DMZ가 품은 역사를 잊어서는 안 됩니다. 하루빨리 진정한 평화를 이뤄낼 수 있도록 평화를 향한 목소리를 더 크게 내야 합니다.

DMZ 평화관광과 파주를 향한 관심과 방문에 진심을 다해 감사드립니다.

GTX-A 시대가 열렸습니다

드디어 GTX-A 시대가 개막했습니다.

파주시민과 함께 기다려온 날! 파주가 더 높게 도약하고 더 크게 성장하는 역사적인 순간입니다. GTX-A는 '100만 자족도시 파주'로 나아가는 실크로드입니다. 실크로드를 통해 경제와 문화가 융성했던 역사가, 이제부터 파주에서 재현될 것입니다.

서울역까지 1시간 이상 걸렸던 이동시간이 22분으로 단축되고, 완전 개통되는 2028년부터는 강남까지 30분 이내로 줄어듭니다. GTX-A 교통혁명이 시작되는 오늘을 기점으로, 더 많은 사람이 파주로 찾아오고 파주에 정착할 것입니다. 기업 유치에 큰 힘이 되며 경제 발전이 가속화될 것입니다.

미래는 준비된 자에게만 기회의 문을 열어줍니다. 파주는 그간 운정중앙역을 중심으로 대중교통 체계를 전면 개편했고 임시주차장을 마련했습니다. 획기적인 변화를 이끌기 위해 준비해온 만큼, GTX-A가 본격적으로 개통된 이후부터 더 꼼꼼하고 세심하게 살펴야 할 것입니다. 시민 여러분께서 주신 의견을 적극 반영해 필요한 조치를 빠르게 개선하는 행정 역시 중요합니다.

GTX-A와 더불어, 파주의 교통혁명은 추진력을 더해 멈춤 없이 질주해야만 합니다. 당장 내년에는 서해선이 착공하고, 수도권제2순환고속도로 파주-김포 구간이 개통됩니다. 시민과 함께 나아가는 파주의 당찬 행보는 계속됩니다.

파주메디컬클러스터의 미래가 더 빨라집니다

파주시가 파주메디컬클러스터 건설사인 HDC현대산업개발을 비롯하여, 피엠씨앤컴퍼니 및 파주도시관광공사와 함께 '파주메디컬클러스터 성공적 추진을 위한 업무협약'을 체결했습니다.

HDC현대산업개발이 건설사로 확정됨에 따라 즉각 사업 변경 승인이 이뤄졌고, 파주메디컬클러스터의 미래는 속도를 높여 더 앞당겨질 것입니다.

건설경기 불황으로 전국적으로 대규모 개발사업이 멈춰 서 있는 지금, 파주메디컬클러스터가 본격 추진되는 파주는 '기회의 땅'으로 거듭났습니다. 사업 추진에 탄력이 붙은 만큼, 착공에 필요한 절차가 더 빨라질 것이라 기대합니다.

의료복지를 책임지는 대형종합병원 유치, 국립암센터 미래혁신센터 조성과 우수 의료기업 유치, 혁신의료연구단지 및 바이오융복합단지 조성이 파주의 미래로 다가오고 있습니다.

제4부

/

오직 민생! 민생 올인(All 人)

(2025년)

민생 All 人 〈민생회복 생활안정지원금〉

파주시의회와 함께 민생경제를 회복하고 파주시민께 기본적인 삶을 안겨드리고자 '민생회복 생활안정지원금' 지급을 발표합니다.

날이 갈수록 폐업자 수는 증가하고 자영업자의 대출 규모, 연체율은 늘어나고 있습니다. 이럴 때 내수경제를 살리는 시민의 지갑이 열려야 하지만, 고물가가 지속되고 고금리에 따른 가계 부채 부담이 증가하며 소비심리가 위축되고 있습니다.

하지만 정부는, 민생 상황을 봐가면서 적절한 대응조치를 검토하겠다고만 하고 있습니다. 이대로는 살기 힘들다는 시민의 목소리를 외면할 수 없기에, 지방정부가 적극 나서 민생의 골든타임을 잡겠습니다.

파주시는 시민 1인당 10만 원의 지역화폐를 '파주시 민생회복 생활안정지원금'으로 지급하겠습니다. 이를 위해 파주는 '민생회복 생활안정지원금 520억 원'을 제1회 추가경정 예산안으로 편성해, 오늘 바로 파주시의회에 제출합니다.

2023년 1월, 전국 최초로 긴급 에너지 생활안정지원금을 지급했던 순간도, 2024년 파주페이 한도액을 최대 100만 원까지 올린 결정도, 모두 민생을 위한 특단의 대책이었습니다. 이번 '민생회복 생활안정지원금' 역시, 시민 모두를 위해 민생에 올인한 결정입니다.

민생이 어려울 때는 신속이 생명입니다. 파주시의 역할은 민생 회복과 민생 도약(민생 All 人)입니다. 파주시와 파주시의회는 시민의 삶을 지켜내는 든든한 버팀목이어야만 합니다.

2025
민생
올인
All
금촌2
이동시장실

2025 민생 All
운정2동
동시장실
PAJU
시민중심 더 큰 파주

시장실에 없는 시장

올해도 변함없이 시민이 계신 곳으로 찾아갑니다. 금촌2동을 시작으로, 파주시 20개 읍면동을 찾아가며 이동시장실을 개최합니다. 2025년 시정운영계획을 직접 설명드리고, 각 읍면동 현안을 집중적으로 논의합니다.

듣지 않고서는 닿을 수 없습니다. 시민의 눈과 귀가 되어 시민께서 바라는 변화, 시민께서 염원하는 미래를 만들어 나갑니다. 두 귀로 더 듣고, 두 발로 더 열심히 뛰어야만 합니다.

민생회복 생활안정지원금 신청 개시 후, 각 읍면동 창구 현장을 점검했습니다. 현장 신청 대상자는 어르신 비중이 큰 만큼, 동선 구조와 상담 안내를 더 세심하게 신경 쓸 것을 강조했습니다.

신청 개시 첫날에만 신청자가 5만 명이 넘으며, 하루 만에 10%가 넘는 신청률을 기록했습니다. 민생회복 생활안정지원금이 꼭 필요한 정책이었음을 여실히 체감합니다. 민생의 시곗바늘은 시급하고 민생 골든타임은 촉박합니다. 민생을 살리는 힘을 더 적극적으로 발휘해야 합니다.

시장실에 없는 시장이 되어 현장에서, 민생을 위한 행정의 역할을 더 부지런히 챙겨야 합니다. 시민이 계신 곳이 제가 있어야 할 곳입니다. 오늘도 열심히 새겨 듣겠습니다.

시민과 함께 더 나은 파주를 꿈꿉니다

파주시가 '제1회 복지의정대상'을 수상했습니다. 파주시민 여러분의 성원 덕분입니다.

저는 지방정부의 수장은 기본적으로 꿈꾸는 사람인, 드리머(Dreamer)라고 생각합니다. 어제와 오늘이 똑같다면 내일이 달라질 것이라 기대할 수 없습니다. 그래서 저는 늘 더 나은 일상과 미래를 위한 꿈을 품고 있습니다.

복지 분야 역시 마찬가지입니다. 당장의 복지보다 미래를 내다보는 복지를 꿈꾸며, '고령친화도시 파주', 양육과 돌봄이 행복한 '여성친화도시 파주'로의 미래가 필요하다 생각합니다.

또한, 파주시민 모두가 인간다운 삶을 누리는 기본사회 선도도시로의 꿈을 시민과 함께 나누며 새로운 도전을 이야기합니다.

파주시가 오늘 받은 상을 그동안 잘해왔다는 뜻보다는 앞으로 더 잘하라는 의미로 받아들이겠습니다.

파주시민 모두가 '파주 살기 참 잘했다'라고 말할 수 있도록 더욱 부지런히 뛰어야하는 책임감을 깊이 새깁니다.

제1회
대한민국

폐현수막의 쓸모 있는 변신

파주가 앞장서고 있는 폐현수막 활용 노력이 KBS 뉴스에 소개됐습니다. 파주는 전국 최초로 '현수막의 친환경 소재 사용 촉진 및 재활용 활성화 조례안'을 제정하며, 친환경 현수막 사용과 폐현수막 활용에 적극적으로 나서고 있습니다.

이는 일회성으로 수명을 다한 현수막이 대량으로 버려지면서 발생하는 환경 문제를 개선하기 위함입니다. 파주는 현수막을 친환경 소재로 제작하여 소각으로 인한 유해 물질 발생을 방지하고, 폐현수막을 일상에서 활용 가능한 소품으로 만들고 있습니다. 작년 연말에는, 친환경 소재 폐현수막을 재활용하여 차량용 덮개인 '스노우 카 마스크'를 제작하여 배포했습니다.

환경 피해의 주범이었던 폐현수막이 환경 지킴이로 탈바꿈한 변화를 주도한 파주는 행정안전부와 환경부가 주최한 경진대회에서 최우수 기관으로 선정되기도 했습니다.

곧 봄을 맞이할 수 있을 거라 기대했지만, 우리의 일상을 뒤덮은 건 살벌한 강추위입니다. 기후 위기는 더 이상 징조가 아닌 우리 눈앞에 닥친 현실입니다. 나중은 없습니다. 지금 적극 변화하고 행동해야만 지속가능한 미래를 지킬 수 있습니다.

미래를 지키는 행동. 친환경 정책을 선도하는 파주시에는 선택이 아닌 필수입니다.

택시요금 결제할 때는 파주페이로

파주시가 '택시요금 지역화폐 결제' 시행을 위한 업무협약을 체결했습니다.

파주페이로 택시를 이용하는 변화는 많은 시민께서 주신 말씀이었습니다. 마침내 오랜 노력이 결실이 눈앞에 있습니다.

코나아이 주식회사, 경기도개인택시운송사업조합 파주시조합, 파주시브랜드콜운영위원회의 협업에 든든한 마음과 감사를 전합니다.

파주페이로 개인택시 결제가 가능한 변화가 하루빨리 찾아오길 바랍니다.

아울러, 파주시민의 사랑을 듬뿍 받는 파주페이가 민생과 지역경제에 더 큰 힘이 될 수 있도록, 파주페이를 누리는 기회가 더욱 많아져야함을 생각합니다.

김경일
민주당
표 창 장
더불어민주당
대 표 이 재 명

당대표 1급 포상을 받았습니다

더불어민주당 지방자치대상에서 행정부문 우수상을 수상했습니다.

행정 절차를 2배 이상 단축한 '민원행정서비스 2 · 5 · 7'제도, 소통 행정의 꾸준한 발걸음인 '찾아가는 이동시장실', 여성 인권 회복과 미래 세대를 위한 시대적 소명 '성매매 집결지 폐쇄 추진' 등 파주의 적극 행정이 뜻깊은 결과를 이뤄냈습니다.

파주는 그동안 다양한 분야에서 '전국 최초'의 타이틀을 쉼 없이 달성했습니다. 전 가구에 지급했던 난방비 지원, 학생전용 통학순환버스 파프리카 운영, 고엽제 민간인 피해자 지원, RE100 지원 조례 제정 및 RE100 지원팀 신설 모두 파주가 처음입니다.

그 결과, 당대표 1급 포상을 받았습니다.

뿌듯합니다. 가슴 깊이 차오르는 보람과 함께 자부심도 느낍니다.

오랜만에 다시 펼친 더불어민주당 강령 속, 두 문장이 눈에 띕니다.

"모든 사람의 평화롭고 더 나은 삶을 보장하는 것이 시대적 과제다."

"우리는 '모두 함께 행복한 나라'를 꿈꾼다."

'전국 최초'를 선도해 온 파주 앞에는, 계속해서 내디뎌야만 하는 길이 있습니다. 시민을 위해서라면 이전에 없었을지라도 거침없이 나아가는 길, 일상에서 체감하는 변화를 이뤄내고 100만 자족도시 파주를 완성해야 하는 길입니다. 시민과 함께 걸어갈 그 길을 생각합니다.

파주시민축구단 홈 개막전 대승

파주시민축구단이 K3리그 홈 개막전을 승리로 이끌었습니다. 상대 골문을 쉴 새 없이 뒤흔든 무려 4 대 0의 대승입니다.

홈 개막전을 찾아주신 시민 여러분과 축구팬을 위한 멋진 경기였습니다. 홈 개막전을 승리로 이끈 선수단의 투혼과 열정에 아낌없는 찬사를 보냅니다.

올 시즌을 앞두고 여러 우여곡절이 있었지만, 새 임원진과 함께 정상화를 이룬 파주시민축구단이 새롭게 태어났습니다.

파주시민의 응원에 힘입어 앞으로 더 멋진 모습을 보여주길 기대하고 응원합니다.

파주시의 적극적인 지원이 뒷받침된다면, 파주시민축구단은 오직 축구에만 몰두하며 시민 여러분께 더 큰 자긍심과 감동을 선사할 것입니다.

시민중심 더 큰 파주
PAJU
PAJU CITIZEN FC

겨울에도 안전하고 따뜻한 러닝

옷차림도 가벼워지고 표정도 밝아진 완연한 봄입니다. 곧, 겨우내 잠들었던 꽃들이 곳곳에서 만개하며 설렘과 행복을 가득 안겨줄 것으로 기대합니다.

겨울철에도 안전하고 쾌적하게 운동을 즐길 수 있도록 운영했던 '동계 맞춤형 러닝구장'도 지난 겨울 동안의 역할을 마쳤습니다. 파주시는 작년 12월 10일부터 3월 9일까지, 파주스타디움 내 6개 레인에 비닐터널을 씌웠습니다. 방문하는 분들을 위한 대기실과 물품 보관실도 별도로 마련했습니다.

결과적으로는, 최근 폭발적인 인기를 끌고 있는 러닝에 최적화된 공간으로 큰 사랑을 받았습니다. 한겨울에도 건강과 부상 걱정 없이 흠뻑 땀 흘리며 러닝 열정을 불태울 수 있었던 구장은 파주시민뿐만 아니라 다른 지역에서도 찾아왔고 타 지자체에서 벤치마킹하기도 했습니다.

또한 경기북부 최초로 동계 러닝구장을 조성한 사례로 파주시가 또다시 최초의 역사를 이뤄낸 결실이기도 합니다. 동계 맞춤형 러닝구장은 일회성이 아닌 올해 말에도 다시 운영합니다.

트랙을 반복해서 뛸수록 실력이 향상되듯 파주시의 다음 동계 러닝구장도 더욱 발전된 모습으로 찾아와야 할 것입니다.

시민 여러분의 건강한 나날을 위해 파주시 역시, 더 열심히 뛰겠습니다.

경기경제자유구역 후보지 선정!

파주시가
'경기경제자유구역'
후보지로 선정되었습니다!
"파주경제 대도약"을 위해
전력질주하는 길이 열렸습니다.
멈추지 않겠습니다!

‘이재명 시대’가 활짝 열렸습니다

국민의 선택이 만든 새로운 시작을 맞이합니다.

이재명 대통령 당선인께 축하 인사를 드리며 100만 자족도시 파주로의 미래에 든든한 힘을 실어주길 기대합니다.

파주는 지난 대선 대비 투표율이 약 3.6% 증가했습니다.

국민의 소중한 권리를 지키며 민주주의의 꽃을 피워낸 파주시민 여러분께 깊이 감사드립니다.

그동안 선거법으로 제한되었던 일정들에 대한 아쉬움이 큰 만큼, 이동시장실을 비롯하여 더 많은 시민과 더 가까이서 소통하는 날이 더욱 기대됩니다.

‘이재명 시대’가 활짝 열렸습니다.

‘대한민국 기본사회 선도도시 파주’를 향해 다시 질주하는 걸음마다 더 많은 시민께서 함께하는 꿈을 꿉니다.

이재명 대통령님 통일촌 방문

이재명 대통령님이 파주시 장단면 통일촌을 방문하셨습니다.

대북방송과 대남방송으로 오랜 기간 고통 받아온 우리 파주시민들과 간담회를 열고 대화를 나눴습니다.

저 역시 이재명 대통령님과 파주시를 비롯한 접경지역의 안정과 평화에 대한 이야기를 나누며 남북관계 회복을 간절히 염원했습니다.

대북 · 대남방송 중단이 남북 화해의 물꼬가 되기를 바랍니다.

대북방송 중단을 결정해 주신 이재명 대통령님께 다시 한번 감사드립니다.

파주의 평화는 곧 한반도의 평화입니다.

이재명 대통령님의 국회 시정연설 마지막 사진은, 이날의 통일촌 방문이었습니다. '국민의 삶을 살핀다'라는 문구 옆의 사진에서 우리는 다 함께 웃고 있습니다. 해야 할 일, 시민과 국민이 바라는 일을 제대로 해야 하는 이유입니다.

평화를 되찾았습니다

"안 주고 안 받으면 됩니다."

오물풍선과 대남방송으로 파주시민들이 고통받기 시작했을 때부터 제가 누누이 해온 말입니다. 대북전단이 오물풍선을 불렀고 이에 대응하는 대북방송이 대남방송으로 이어졌습니다.

대성동을 비롯한 장단면과 탄현면 시민을 만날 때마다 너무 안타깝고 아무 노력도 하지 않는 정부의 처사에 분노했습니다.

지난 정부는 남북 갈등을 부추기기만 했을 뿐 파주시민을 비롯한 접경지역 시민과, 국민의 안위는 뒷전이었습니다. 그 사이 온 국민이 불안에 떨었습니다. 아무리 갈등을 없애달라고, 남북갈등 기조를 바꿔달라고 주장했지만 받아들여지지 않았습니다.

하지만 새 정부는 달랐습니다. 새 정부 출범 1주일 만에 이재명 대통령 지시로 대북방송을 전격 중단했습니다. 정말 고마운 일이고 이제야 대한민국이 정상 궤도에 오른 것 같아 반가운 마음을 금할 수 없습니다.

더 반가운 일은 우리의 대북방송 중단에 화답하듯 북한도 대남방송을 멈췄다는 사실입니다. "안 주고 안 받으면 된다"는 제 말이 이제야 현실이 된 것 같아 감사한 마음입니다.

이제 남은 과제는 남북이 화합하고 협력하는 일입니다. 위기를 기회로 돌려세우고 불안을 평안으로 바꾸는 일에 지금까지 그래왔듯 저부터 최선을 다하겠습니다.

온 국민의 평화로운 일상이 계속되기를 기원합니다.

파주시민 대토론회

민선 8기 취임 3주년을 맞아, 작년에 이어 '파주시민 대토론회'를 마쳤습니다. 소중한 시간을 내어주시고 관심과 성원을 보내주신 시민 여러분들께 감사에 감사를 더합니다.

토론에는 늘 '함께'의 의미와 결실이 전제되어 있습니다.

귀와 마음을 열고 서로의 생각을 들여다보고 의견을 나누다 보면 새로운 길이 방향이 되고 함께 걸어갈 공동의 목표도 생깁니다.

이는, 150번이 넘는 이동시장실을 통해 얻은 배움이기도 합니다. 이동시장실에서 함께 나눈 의견들이 더 나은 파주, 새로운 파주를 만드는 길이었습니다. 앞으로도 시민이 계신 곳으로 향하고 계속하여 발로 뛰어야 할 이유입니다.

파주시민 대토론회 역시, 내일의 파주를 더 행복하게 만드는 원동력으로 삼아야 합니다. 시민의 파주 이야기에서 100만 자족도시 파주가 시작되고 완성됩니다. 지금까지 그래왔듯 앞으로도 변함없이 오직 시민만을 바라보며 늘, 시민과 함께하고 싶습니다.

파주시민 여러분! 늘 존경하고 사랑합니다.

PAJU
2025 파주시민 대토
7.3.(목)오후2시 _ 100만자족도시, 당신의 파주
2025
파주시민 대토론회
100만 자족도시, 당신의 파주 이야기
파주의 오늘을 듣고,
내일을 그리다
작은 의견도 소중한 변화의 시작입니다.
시민이 말하고, 시장이 듣고, 함께 움직입니다.
더 나은 파주를 위해 여러분의 목소리를 들려주세요.
지금, 파주의 변화를 함께 만들어주세요!
더 확실한 변화 3
2025 파주시민 대토론회
100만 자족도시
파주

시민중심
더 큰 파주
PAJU
100만 자족도시
파주
더 큰 파주

납북자가족모임의 결단에 감사드립니다

파주시를 비롯한 대한민국에 모처럼 찾아온 남북 평화 기류를 계속 이어갈 수 있는 귀한 결정의 순간을 함께 하고 있습니다.

먼저 납북자가족모임 여러분의 대북전단 살포 중단 결정을 파주시민과 함께 환영하며, 파주시민은 물론 온 국민의 안전과, 남북 평화 기류에 동참해주신 점, 진심으로 감사드립니다.

파주시민들은 지난 1년여간 대북전단과 오물풍선, 대북방송과 대남방송으로 고통받아 왔습니다. 지난 정부에서는 화해보다는 갈등을 유발했고, 시민의 삶을 외면했습니다. 아무리 기조를 바꾸고, 파주시를 비롯한 접경지역 국민의 고통을 해결해달라고 요구했지만 들어주지 않았습니다.

하지만 국민주권정부가 들어선 뒤에는 확 달라졌습니다.

새 정부가 들어서고 1주일밖에 지나지 않았던 지난 6월 11일, 이재명 대통령의 지시로 대북방송을 중단하자, 북한에서도 이에 호응해 대남방송이 중단되었습니다.

그리고 6월 13일에는 이재명 대통령이 파주 통일촌을 직접 방문해 그간 고통 받아온 시민을 위로하고, 평화의 메시지를 전해주셨습니다. 하지만 이렇게 찾아온 남북 평화 분위기 또한 작은 불씨 하나만으로도 언제 다시 깨질지 모르는 일이기에 저와 파주시민 모두가 불안한 마음으로 노심초사하고 있었습니다.

그런데 오늘 이렇게 납북자가족모임에서 대북전단 살포 중단을 공식 선언해 얼마나 다행인지 모릅니다.

여러분의 결정에 다시 한번 감사 말씀 드리며, 전단살포 활동을 하고 있는 다른 단체에서도 납북자가족모임의 결단에 동참해, 오랜만에 조성된 접경지역의 평화와 안정이 항구적으로 유지될 수 있도록 대북전단 살포 행위를 중단해 줄 것을 부탁드립니다.

아울러 가족의 생사조차 모르고 오랜 시간 동안 고통 받아온 납북자가족모임 여러분의 참담한 심정을 헤아리고, 남북간 대화를 통해 납북된 가족의 생사 확인 및 송환 문제가 조속히 해결될 수 있기를 진심으로 바라며 시에서도 할 수 있는 역할을 다하겠습니다.

존경하는 파주시민 여러분!

평화가 옳습니다. 평화가 답입니다.

앞으로도 평화로운 일상만을 마음껏 누기길 희망합니다. 더 안전한 파주, 더 살기 좋은 파주가 되길 바랍니다.

송환
납북자
송환
이 종 돈
납북자 생사확인 및 남북
단 살포 중단
2025. 7. 8.(화) 11:00

해 분위기 조성을 위한

랍의 공동기자

생태평화 종합관광센터

파주
한모금
쉼터

파주의 오아시스 〈파주 한 모금 쉼터〉

지긋지긋한 폭염이 계속되는 어느 날, 시민 건강과 안전을 지키는 방법을 고민하던 머릿속에 한 가지 생각이 떠올랐습니다. 더위에 맞서 거리를 오가는 시민 모두를 위한 '시원한 생수!'.

시원한 생수가 담긴 냉장고, '파주 한 모금 쉼터'는 이렇게 탄생했습니다.

다행히 반응이 너무 좋습니다. 파주시 공식SNS에 업로드한 파주 한 모금 쉼터 소식에 정말 많은 시민분들께서 관심과 응원을 보내주셨습니다. 한 모금 쉼터가 있는 금촌역에 직접 나가보니, 신호를 기다리는 찰나도 너무나 힘든 날씨에 거의 모든 시민께서 생수를 챙겨가셨습니다.

파주 한 모금 쉼터는 복지를 넘어, 폭염으로부터 시민의 안전을 지키려는 자연재난 대책의 일환이라 생각합니다. 또한, 재난으로부터 시민 모두가 안전한 기본사회로의 방향과도 맞닿아 있습니다.

파주는 시민의 안전이 가장 최우선이기에, 기존 7개소에 더해 6개소를 추가하여 총 13개소의 파주 한 모금 쉼터를 확대 운영합니다.

사막에서 만난 오아시스처럼, 파주 한 모금 쉼터가 더위에 지친 몸을 달래는 쉼표가 되길 바랍니다.

파주 K리그2 도전을 응원해 준 FC바르셀로나

15년 만에 내한인 FC바르셀로나 선수단을 환영하며, 훈련 중인 파주NFC를 격려 방문했습니다.

전 세계가 열광하는 축구스타들이 파주에 머무르며 훈련하고 있다는 사실이 반갑고 뿌듯했습니다. 파주가 갖춘 축구 인프라에 대한 자부심과 자신감 또한 새삼 커졌습니다.

FC바르셀로나 선수단이 파주에 있다는 사실 하나만으로도, 앞다투어 보도되는 뉴스에 파주가 소개되고 파주NFC가 언급되고 있습니다. 축구의 영향력은 이만큼 크고, 파급력은 거대합니다.

FC바르셀로나와의 만남은, 파주 K리그2 진출의 필요성과 기대효과를 동시에 느낀 순간이었습니다. 파주 K리그2 도전을 응원해 준 FC바르셀로나의 기운을 받으니 더욱 힘이 납니다.

FC바르셀로나 선수단이 축구팬들에게 잊지 못할 기억을 선사하길 기대하며, 선수단 역시 파주와 한국에서 좋은 추억을 많이 만들고 건강히 돌아가길 기원합니다.

미군반환공여지, 시민에게 환원하는 무상양여가정답입니다

머니투데이와의 인터뷰에서 미군반환공여지 무상양여 필요성과 개발계획을 밝혔습니다. 막혀있던 협의가 진전되고 국정기획위원회가 현장을 방문하는 등 오랜 세월 답보 상태였던 미군반환공여지에 희망과 기대가 생긴 변화는 대통령님의 '전향적 검토' 지시 덕분입니다.

제가 주목한 내용 또한, '전향적 검토'의 본질입니다. 제가 생각하는 전향적 검토의 핵심은 첫째, 미군반환공여지 개발이 빠르게 이뤄져야 한다는 것이고 둘째, 그 혜택은 안보를 책임지며 희생해 온 파주시민이 누릴 수 있어야 한다는 것입니다.

이는, 파주가 미군반환공여지의 무상양여를 주장하는 이유이기도 합니다. 파주는 미군반환공여지를 오롯이 시민의 보금자리로 환원하고자, 문화 · 예술 · 일자리가 있는 공간으로 탈바꿈하기 위한 준비를 오랫동안 해왔습니다. 미군반환공여지를 지방정부로 무상양여하는 전향적 결단이 이뤄질 때, 진정한 보상이 이뤄지고 시민이 바라고 체감하는 변화에 도달할 수 있다고 생각합니다.

미군반환공여지의 존재 이유가 지난 70여 년간 '안보'였다면, 이제부터는 특별한 희생을 감내해 온 접경지역 시민을 위한 특별한 보상으로 존재해야 합니다.

드디어 물꼬가 트인 미군반환공여지가 시민의 기대에 부합하는 새로운 공간으로 태어날 수 있길 바랍니다.

장준하 선생 50주기를 추모합니다

평생 민족의 앞날을 걱정하며 온몸 바쳐 투쟁하셨던 독립운동가이자 위대한 사상가였으며 반독재 투쟁에 앞장선 행동하는 양심, 장준하 선생께서 우리 곁을 떠난 지 반세기가 되는 날입니다.

돌베개, 장정, 사상계, 재야의 대통령 등 장준하 선생을 상징하는 단어가 있습니다. 이 단어들은 장준하 선생의 삶을 함축적으로 보여줍니다.

그 삶은 일제강점기, 만주군에서 탈출해 광복군에 합류하기 위해 돌베개를 베며 6천 리 장정에 올라 독립운동에 투신했던 삶이자, 광복 이후 이승만 독재정권과 박정희 독재정권에 맞서 잡지 '사상계'를 통해 글과 행동으로 싸웠던 삶입니다.

장준하 선생이 남긴 말 중, 제가 항상 유념하는 것은 사상계 권두언으로 쓰였던 "못난 조상이 되지 않기 위하여" 입니다.

일제강점기 독립투쟁에 나선 것도, 연이은 독재정권에 온몸을 다해 항거했던 것도, 불의에 저항하고 정의를 바로 세우려 했던 것도, 우리 후손들을 위해 못난 조상이 되지 않기 위해 한 일이었습니다.

장준하 선생의 묘소가 우리 파주시에 모셔져 있다는 것은 더할 나위 없는 영광이자, 우리 모두의 책임이기도 합니다. 선생의 정신을 기리고 계승하는 데 저부터 앞장서겠습니다. 선생이 지키고자 했던 민주주의와 정의, 평화를 실현하는 데 최선을 다하며 선생의 뜻을 이어받아 뚜벅뚜벅 걸어가겠습니다.

부디 영면하소서.

함께 길을 만드는 사람들, '길만사'

함께 '길'을 '만'드는 '사'람들. '길만사' 회원분들과 성매매집결지 폐쇄를 위한 굳은 의지와 하나 된 마음을 나눴습니다.

길만사는 성매매집결지 폐쇄를 지지하는 시민과 학부모로 구성된 모임입니다. 길만사의 발걸음은 성매매집결지 폐쇄와 성평등 파주를 위한 길을 열고 앞장서고 있습니다.

성매매집결지 폐쇄에 나선 것이 올해로 3년째입니다. 이렇게 오래 걸릴 줄 몰랐습니다. 불법의 현장이었고 인권이 유린당하는 현장이었기에, 누구나 성매매집결지 폐쇄 정책에 동의하고 나설 줄 알았습니다.

실상은 달랐습니다. 너무나 오랫동안 뿌리를 내리고 있었기에 지역사회와 깊이 유착되어 있었고 그걸 깨는 게 쉽지 않았습니다. 협박도, 회유도 많이 받았습니다.

그럴 때마다 파주시민께서 나서주셨습니다. 여행길을 함께 걸었고 올빼미 활동을 함께하며 성매매집결지 폐쇄에 뜻을 같이하며 행동했습니다. 그리고 이제 성매매집결지 폐쇄 이후를 논의하는 단계에 왔습니다. 이곳을 온전히 시민에게 돌려드리는 방법, 기억을 통해 이곳이 여성 인권 현장으로 재탄생하는 방법을 함께 고민해야 합니다.

누구보다 헌신해 주신 길만사 회원님들, 시민 여러분의 의견이 중요합니다. 성매내집결지 폐쇄라는 하나의 목표를 완전히 달성할 때까지 함께 길을 만들며 계속하여 뚜벅뚜벅 걸어가야 할 것입니다.

제1회 파주 에너지 데이

제1회 파주 에너지 데이(PAJU Energy Day)를 잘 마쳤습니다. 소중한 시간을 내어 함께해 주신 파주시민 여러분께 감사드립니다.

파주는 전국 최초로 시행한 정책이 많습니다. 에너지 분야 역시 최초의 길입니다. 필요 전력의 100%를 친환경재생에너지로 사용하는 RE100을 위해 전국 최초로 조례를 제정하고 파주형 공공에너지 정책을 시행하고 있습니다.

파주형 RE100은 파주시민과 파주 기업 모두에게 혜택이 돌아가는 기본에너지 정책이자 기본사회로 나아가는 방향이기도 합니다.

에너지는 힘이고 원동력입니다. 파주 에너지가 시민의 더 나은 내일을 만드는 힘, 파주 기업이 발전하는 힘, 파주 미래가 도약하는 원동력이 되어야 할 것입니다.

공공에너지 역시 파주가 제일 빠릅니다.

제1회
파주에너지데이
PAJU

파주시 시청사 증축 건립 계획을 발표합니다

파주시는 작년 한 해 동안 신청사 건립 공론화를 통해 시민 여러분의 다양한 의견을 수렴하고, 행정 및 재정 여건과 추진 가능성 등을 종합적으로 검토해 왔습니다.

그 결과, 시청사는 효율과 실용을 첫 번째 원칙으로 삼아 기존 청사를 최대한 활용하면서 꼭 필요한 수준으로 증축하는 방안으로 결정했습니다.

증축을 통해 기존 청사를 계속 사용함으로써 행정의 연속성 확보와 함께 시민 불편을 최소화할 수 있으며, 공사비와 이전 비용 등 재정 부담을 줄일 수 있습니다.

또한 금촌 지역의 행정적 · 역사적 상징성과 정체성을 계승하고, 도심 공동화를 방지함으로써 북파주와 남파주 간 균형 발전과 도심 활력 및 지역 경제 활성화에 기여할 것입니다.

앞으로의 과제는 이러한 방향에 따라 추진 전략을 구체화하고 단계별 추진계획을 잘 세우는 것입니다.

또 증축되는 시청사가 확장성과 유연성을 갖춘 공간으로 설계될 수 있도록, 향후 100만 자족도시 파주를 상징하고 미래를 위한 확장 및 기능 변화에도 탄력적으로 대응할 수 있도록 준비하는 것이 중요합니다.

민생은 여전히 어렵습니다.

청사 이전에 들어갈 막대한 예산으로 민생과 복지를 비롯해 시민들의 기본적인 삶을 지키는 게 우선입니다.

이번 시청사 증축 결정이 지역의 역사성과 공동체, 상권을 지키면서 미래를 준비하기 위한 선택이 되길 바랍니다.

새로운
대한민국의 시작,
기본사회
더나은 미래,
모두의 기본사회

기본사회 비전 선포식

우리는 그 어느 때보다도 삶의 안전망이 절실한 시대를 살고 있습니다. 경제위기, 양극화, 기후변화, 급변하는 국제 정세는 국민의 일상을 위협하고 있습니다. AI를 비롯한 기술의 비약적 발전은 대전환의 시대를 앞당기고 있지만 일자리의 구조적 변화, 소득격차, 불평등 심화에 따른 불안을 동시에 가져왔습니다.

누구도 배제되지 않고 모두가 존엄한 삶을 누리는 사회, 실패해도 다시 일어설 수 있는 사회적 신뢰가 형성된 사회, 바로 '기본사회'가 현재 우리가 직면한 위기를 극복할 수 있는 시대적 대안이자 국가적 책무입니다.

지난 몇 년간, 우리는 기본사회의 가능성을 실험해왔고 증명했습니다. 청년기본소득, 농어민수당 등 기본소득 시범사업은 사회안전망의 새로운 방향을 제시해고, 지역화폐는 지역 내 소비 선순환을 촉진하며 지역경제를 지켜냈습니다. 무상교통과 돌봄 확대는 보편적 서비스 제공의 기반을 마련했으며, 기후위기 대응을 위한 에너지 전환 정책은 미래세대를 위한 지속가능한 사회로 가는 길을 보여주었습니다.

이제 우리는 이러한 성과를 모아 하나의 비전으로 나아가야 합니다. 기본사회로의 비전은, 지방정부가 앞장서서 실천해 온 경험이 토대입니다.

기본사회를 향한 비전이 도시를 넘어 전국으로 확산되고 새로운 대한민국을 밝힐 희망의 등불이 되길 희망합니다.

더 크게 돌아온 Made in Paju! 〈제2회 기업박람회〉

제2회 파주시 기업박람회를 준비하고 참가해 주신 파주 기업인 여러분과 이곳을 찾아주신 모든 분들께 감사드립니다. 바쁘신 와중에도 자리를 빛내주신 우원식 국회의장님께도 특별한 감사의 말씀을 드립니다.

조금 숨통이 트이는 듯하지만 민생이 여전히 어렵습니다. 소비심리는 위축되었고 내수경기도 쉽게 살아나지 않고 있습니다. 기업의 매출이 늘지 않고, 그러다 보니 투자도 위축되었습니다.

이때 지방정부의 역할이 중요합니다. 공공의 재원을 투입해 민생을 살리고, 기업을 지원하는 일은 지방정부 차원에서 먼저 시작해야 합니다. 기업박람회가 바로 그 역할을 위한 것입니다.

올해 기업박람회의 목표 역시, 작년과 마찬가지로 판로 확대와 매출 증대입니다. 작년 기업박람회가 성공적으로 마무리된 덕분에 올해 기업박람회를 더욱더 풍성하게 준비할 수 있었습니다. 더 많은 기업이 참가 신청을 해왔고, 이에 부응하고자 파주시에서는 해외 바이어를 많이 초청했습니다.

앞으로 RE100이 정착되고 평화경제특구까지 지정된다면, 또 더 많은 해외바이어를 초청해 파주시 기업박람회를 글로벌 박람회로 만든다면, 파주는 기업하기 좋은 도시이자 100만 자족도시로 신속하게 진입할 것입니다.

파주시 기업인 여러분의 발전을 기원합니다! 늘 감사합니다.

파주시
기업박람회

(주)아미인터내셔널
PAJU
(주)아미인터내셔널
C07

시민중심
더 큰 파주
경제도시
문화도시
자족도시
교통은 편하다
경제가 답이다
교육은 미래다
평화는 기회다

경기도경제과학진흥원 파주 이전은 약속입니다

경기도경제과학진흥원 김현곤 원장께서 파주를 방문했습니다.

경과원 이사회가 파주 이전 계획안을 의결함에 따라, 마침내 경과원 파주 이전이 가시권에 들어왔고 오랜 약속이 확실한 미래로 다가오고 있습니다.

사실, 파주는 경과원 이전을 위해 필요한 준비를 이미 마쳤습니다. 이제 남은 것은 빠른 이전, 그리고 약속대로 경과원의 모든 인프라가 파주로 이전하는 것입니다.

경과원 이전이 파주의 지속가능한 성장 동력을 확보하고 경기북부 상생 발전을 이끄는 힘이 되기 위해서는 빠르고 원활한 이전, 무엇보다 경과원 전체의 완전한 이전이 필수입니다.

경과원 파주 이전은 파주시민과의 약속입니다. 오래 기다린 만큼, 경과원 파주 이전은 더욱 속도를 내어 반드시 이뤄져야 합니다.

아이 키우기 좋은 도시 〈파주 다함께돌봄센터〉

다함께돌봄센터와 함께 파주가 든든한 변화를 맞이합니다.

학부모님과 우리 아이들이 보다 행복하게 생활할 수 있는 기반을 마련하는 다함께돌봄센터가 새로이 문을 열었습니다.

아이를 돌보는 일은 우리 사회 전체가 나서야 하는 일입니다.

돌봄공백은 더 이상 대물림되는 경험이어서는 안 되기에 예산을 아끼고 아껴 돌봄 분야에 적극 투입했습니다.

그 결과, 올해 파주시에 설립된 11개의 돌봄센터 중 7개를 오직 시 예산으로 설립했습니다. 학부모의 부담을 덜고 우리 아이들의 행복을 함께 책임지는 것은 지방정부가 할 일이자, 시민을 위해 파주가 할 일이었기 때문입니다.

돌봄은 아이 키우기 좋은 도시의 기본 요건입니다. 파주는 아이 키우기 좋은 도시로의 인프라를 더욱 발전시켜 나가야 합니다.

2025년 다함께돌봄센터
합동 개소식
[한울마을 1단지 다함께돌봄센터]
[연풍 다함께돌봄센터]
[초롱꽃6단지 다함께돌봄센터]
[물향기3단지 다함께돌봄센터]
[초롱꽃9단지 다함께돌봄센터]

문산도서관
MUNSAN LIBRARY

도서관은 도시의 품격

문산도서관 조기건립을 이뤄내며, 시민과 함께 새롭게 탄생한 문산도서관 개관식을 축하했습니다.

문산도서관이 더 넓고 쾌적한 환경으로 시민의 배움과 휴식을 책임지고, 소통과 성장이 함께하는 문화공간으로 거듭나길 기대합니다.

저는 도서관이 도시의 품격을 보여준다고 생각합니다. 그래서 다른 시군에서 도서관 예산을 줄일 때 문화도시를 꿈꾸는 우리 파주시는 오히려 예산을 더 투입했습니다. 시민께서 기본적인 문화생활을 누리는 공간이 바로 도서관이기 때문입니다.

게다가 우리 파주시 도서관은 파주시 내에 있는 독립서점에서 책을 구입하며 지역경제 활성화에도 큰 몫을 하고 있습니다.

온갖 책이 모여 있는 도서관은 무한한 가능성의 공간입니다. 부디 문산도서관을 제집 드나들 듯 문턱이 닳아 없어지도록 많이 이용해 주시어, 시민과 아이들 모두 문산도서관에서 무한한 가능성을 열어가고 파주의 문화적 품격 또한 한 단계 높여주시길 바랍니다.

파주시가 도서관을 중심으로 지식과 문화가 살아 숨쉬는 도시, 평화와 희망을 키워가는 도시가 되길 바랍니다.

파주메디컬클러스터가 드디어 첫 삽을 뜨게 되었습니다

파주메디컬클러스터가 드디어 첫 삽을 뜨게 되었습니다.

건설경기 침체와 인플레이션으로 대규모 개발사업이 불가능해진 험난한 과정에서도 파주시를 믿고 기다려 주신 시민 여러분 덕분에 파주메디컬클러스터의 첫 시작을 알리게 되었습니다.

파주메디컬클러스터는 크게 세 가지 의미가 있다고 생각합니다.

첫째, 대학병원 유치로 시민의 건강권을 지킬 수 있게 되었다는 점입니다. 현재 관심을 보이는 종합병원을 포함해서 전국 상급병원을 대상으로 공모를 진행하고 내년 상반기까지 최종 병원사업자를 선정할 계획입니다.

둘째, 파주 경제를 더 크게 발전시킬 신성장동력이 마련된다는 점입니다. 국립암센터 미래혁신센터를 중심으로 혁신 의료 연구단지와 바이오 융복합단지가 들어서고, 이곳에 의료・바이오 기업과 R&D센터를 유치하면 파주 경제는 더 크게 성장하고 더 높게 도약할 것입니다.

셋째, 100만 자족도시를 향한 본격적인 행보가 시작됐다는 점입니다. 자족도시로의 기능은 기업이 얼마나 들어오고, 일자리가 얼마나 마련되는지에 달려있습니다. 파주메디컬클러스터가 첫 단추 역할을 하게 될 것입니다.

파주메디컬클러스터와 함께 경제자유구역, 평화경제특구까지 성공적으로 유치하면, 100만 자족도시는 파주의 비전이 아닌 파주의 현실이 될 것입니다.

파주의 담대한 행보에는 늘 시민 여러분께서 함께해 주셨습니다. 시민과 함께라면 파주시는 무서운 게 없습니다!

시민들의 이야기가 모여 철도가 되고, 그 길은 파주의 미래가
시민과 함께하는
철도 토크콘서트

100만 자족도시로 향하는 길 '철도 혁명'

시민과 함께하는 철도 토크콘서트 잘 마쳤습니다.

철도로 더 나아지는 교통으로의 시민 염원을 실현하고 파주 철도 미래상을 시민과 함께 논의하기 위해 처음으로 마련한 자리였습니다.

얼마 전 착공한 파주메디컬클러스터, 후보지로 지정된 경제자유구역, 돔구장 건설과 평화경제특구 지정, 그리고 임진강 국가정원에 더해 파주가 100만 자족도시로 향하는 필수불가결한 길이 바로 "철도 혁명"입니다.

서해선 연장이 시민의 열망으로 실현되었던 것처럼, 시민들께서 추위와 더위를 이겨내며 서명부에 모아주신 간절한 염원이 GTX-A로 탄생했던 것처럼 3호선, GTX-H, 통일로선, KTX 파주 연장 등 100만 자족도시 파주에 걸맞은 철도망을 구축하기 위해 한마음 한뜻을 모으는 시간이었습니다.

시민의 열망, 행정의 추진력, 정치권의 의지가 모인다면 100만 파주 철도망은 반드시 현실이 될 것입니다.

행정복지센터 착공식

살고 싶은 도시에는 여러 조건이 있습니다.

교통이 편리해야 하고, 아이 키우기가 좋아야 합니다. 좋은 일자리가 있어야 하고, 각종 공연이나 문화생활도 마음껏 누릴 수 있어야 합니다. 경제적으로 풍요롭고 문화적으로 풍성하며, 기본적인 삶을 누릴 수 있는 여건 또한 마련되어야 합니다.

저는 파주가 누구나 살고 싶어 하고, 한번 살기 시작하면 떠나고 싶지 않은 도시가 되길 바랍니다. 이때 빼놓을 수 없는 것이 신속하고 체계 잡힌 행정서비스입니다.

운정5동, 운정6동 행정복지센터, 운정4동 행정복지센터 및 국민체육센터에 이어 운정2동 행정복지센터 착공식 또한 맞이합니다.

지역 특성에 맞는 행정복지센터를 통해 행정서비스뿐만 아니라 더 나은 삶을 만드는 문화, 체육 인프라를 마련하고 파주를 더 살기 좋은 도시로 만들겠다는 새 걸음을 시민과 함께 내딛습니다.

파주 행정의 속도가 파주 변화를 앞지르며 시민 여러분께서 필요로 하는 역할을 다하며, 늘 시민을 향하며 시민 여러분께서 바라는 발전을 먼저 이뤄냈으면 합니다.

새롭게 짓는 행정복지센터가 시민의 삶을 세심하게 살피고 시민 여러분께 더 큰 만족과 든든함을 안겨드리는 보금자리가 되길 바랍니다.

지역화폐 우수 지방정부 파주시

파주페이 사용 결제액의 5%를 돌려드립니다.

이에 따른 예산은, 행정안전부에서 파주시를 지역화폐 발행 실적이 우수한 지방정부로 선정하며 교부한 특별지원금 14억 5백만 원 전액으로 마련했습니다.

충전금 기준 40만 원 사용 시, 최대 2만 원까지 소비지원금을 받으실 수 있으며 별도의 신청 없이 결제시 즉시 지급됩니다. 다만, 예산이 한정 되어 있어 조기 소진 될 수 있음을 알려드립니다.

긴급 에너지 생활안정지원금, 파주페이 발행 확대, 민생회복 생활안정지원금 등 지역화폐로 민생에 기여하는 정책을 통해, 파주는 파주페이가 민생에 직접적인 힘이 되고 지역경제를 살리는 최고의 원동력이라는 것을 증명했습니다.

파주페이를 애용해 주신 시민 여러분 덕분에 파주가 지역화폐 우수 지방정부로 선정될 수 있었습니다. 깊이 감사드립니다.

파주페이가 더 나은 일상과 지역경제 발전을 이뤄내는 민생의 든든한 파트너가 되길 기대하며, 파주페이 만족과 효과를 높이는 길이 더욱 활짝 열리길 바랍니다.

이번 소비지원금 지급이 연말 지역 상권에 온기를 더하고, 상생 소비의 마중물이 되었으면 합니다.

기본사회 선도도시 파주

"유능한 지방자치, 든든한 지방정부"를 위한 참 좋은 지방자치 정책대회에 파주가 함께 했습니다.

시민의 삶을 책임지며 더 나은 일상을 만드는 지방정부의 역할, 모두가 다 함께 누리는 보편적 복지로의 탄탄한 미래를 위한 새로운 정책, 우리 사회가 직면한 여러 위기들을 해결하며 모든 시민이 체감하고 만족하는 맞춤형 시정으로의 노력을 '기본사회'에 담았습니다.

전 가구 난방비 지원 및 민생회복 생활안정지원금, 파주페이 확대 발행, 파프리카 운행, 다함께돌봄센터 운영, 공공재생에너지 사업 등 파주가 기본사회로 나아가며 내디딘 최초의 발걸음들에는 오직 민생, 그리고 지방정부의 새로운 기준이 있습니다.

파주 기본사회 정책은 모든 시민이 대상이며 시민 생활 전 분야를 포함하고 있습니다. 그래서 정책의 범위가 넓고 정책의 효과와 영향력도 매우 큽니다.

아무도 가지 않은 길을 파주는 누구보다 먼저, 모두가 함께 누릴 수 있도록 과감하고 신속하게 추진하며 기본사회의 결실을 이뤄내왔습니다.

앞으로도 파주가 기본사회로의 한결같은 발걸음을 더 힘차게 내디딘다면, 시민을 위한 지방정부의 역할과 책임 역시 더욱 커질 것이라 기대합니다.

의 성과를 바탕으로,
으로 기본사회를 완성하겠습니다.
기본
사회
모두와 함께
모든 시민을 위한 정책 설계
긴급에너지 생활안정지원금,
민생회복 생활안정지원금
미래를 향한 약속
상생경제 플랫폼
구축
파주형 공공주택
사업
참좋은 지방정책으로 국민을 든든하게
유능한 지방자치,
든든한 지방정부
주최·주관
광명시
2025
참좋은
참좋은 지방정책으로 국민을 든든하게
지방자치 정책대회
주최·주관

2025
김경일
PAJU

국내 최초 지역화폐 축제! 파주페이 페스타

파주시가 전국 최초로 지역화폐를 주제로 축제를 열었습니다. 국내 유일의 지역화폐 축제를 개최할 수 있는 비결은 파주시가 지역화폐에 진심이기 때문이라 자부합니다.

파주페이는 이제 파주시민의 일상입니다. 2023년 난방비 폭탄에 맞서 전국 최초로 긴급에너지 생활안정지원금을 파주페이로 지급했습니다. 2024년 전국적으로 지역화폐 발행액을 줄일 때 파주시는 오히려 전국 최대 수준으로 파주페이를 발행했습니다. 올해 민생회복 생활안정지원금 역시 파주페이로 지급되었습니다.

파주페이에 심혈을 기울이는 이유는 단 하나, 파주의 자본이 외부로 유출되지 않고 오히려 외부의 자본이 파주에 들어오는 흐름. 파주시 내에서 돈이 도는 선순환 구조를 만들기 위해서입니다.

실제로 올해 파주시에서 민생회복 생활안정지원금을 지급한 결과, 파주페이 가맹점 매출이 74%나 증가했습니다. 파주페이는 효과가 입증된 정책이며, 파주시민에게 사랑받는 지역화폐가 되었습니다.

파주페이로 파주 경제를 살리고 계신 시민 여러분께 감사한 마음을 담아 파주페이 페스타를 마련했습니다. 파주페이와 함께 축제를 만끽하시길 바라고 기대합니다.

파주페이를 사랑하는 시민 여러분께 감사드립니다!

파주 프런티어FC의 여정이 시작됩니다

K리그 무대에 나서는 파주 프런티어FC의 출범은 구단 창단 이상의 의미가 있습니다. 문화 · 예술 · 스포츠가 공존하는 문화도시로의 도약, 54만 파주시민의 자긍심을 하나로 모으는 새로운 여정의 시작입니다.

파주시민축구단은 K리그2에 정식으로 가입 승인을 받은 후, 황보관 전 대한축구협회 기술위원장님을 초대 단장으로 선임했습니다. 1990년 이탈리아 월드컵에서 캐논슈터로 전 국민의 가슴을 울린 황보관 단장은 이제 파주시민에게 감동과 자부심을 선사할 것입니다. 초대 감독은 스페인 출신의 차세대 유럽 지도자인 제라드 누스 감독님을 선임했습니다. 세계가 열광하는 유럽 무대에서의 경험과 젊은 리더십은, 파주 프런티어FC를 실력과 경쟁력을 갖춘 역동적인 팀으로 만들 것이라 기대합니다.

파주 프런티어FC의 엠블럼은 파주의 꽃인 코스모스를 모티브로, 코스모스의 꽃말인 '화합'처럼 파주시민 모두가 축구를 통해 하나 되는 염원과 비전을 담았습니다. 하단에는 파주를 상징하는 생명이자 평화를 펼치는 비둘기가 팬 여러분을 향해 날아가는 모습을 볼 수 있습니다.

파주 프런티어FC는 천 여명이 넘는 시민분께서 참여해 주신 공모를 통해 결정된 공식 명칭입니다. 파주 프런티어FC는 시민이 만든 시민의 구단이며, 개척을 품은 구단입니다.

파주 프런티어FC가 개척할 새로운 역사에 시민의 행복, 파주 발전이 함께하길 기원합니다.

파주로컬푸드 복합센터 상량식

시민 여러분과 함께 파주로컬푸드 복합센터 상량식을 기념합니다. 어서 이곳에서 신선하고 건강한 파주의 먹거리를 구매할 날을 손꼽아 기다리는 마음입니다.

파주로컬푸드 복합센터에 심혈을 기울인 이유는, 로컬푸드가 도농복합도시인 파주에 꼭 들어맞는 모델이기 때문입니다.

로컬푸드 복합센터는 생산과 소비가 한 곳에서 이뤄지는 선순환 경제 모델, 생산자와 소비자 모두가 만족하며 지역 내에서 돈이 도는 상생형 모델입니다.

그래서 상량식에서 파주로컬푸드 복합센터를 안전하게 잘 짓겠다는 약속에 더해, 시민 여러분의 일상에 로컬푸드를 잘 정착시키고 나아가 파주가 로컬푸드를 대표하는 도시로 거듭나길 바라는 마음을 새겼습니다.

상량문으로 그 마음을 시민 여러분께 전합니다.

"공사는 안전과 품질 위에 굳게 서고, 정해진 일정대로 무사히 완공되기를 기원합니다. 이곳이 농가와 시민을 잇는 열린 장이 되어 땀의 가치가 제값을 받고 가까운 먹거리가 일상이 되길 바랍니다. 함께 한 모든 분들의 노고에 감사드립니다."

평생교육을 품은 일상 〈일생일대 프로젝트〉

일생일대 프로젝트의 성과를 되돌아보는 공유회가 있었습니다. 일생일대 프로젝트는, 파주시 읍면동을 단위로 동네마다 각 대학에서 준비한 강의를 진행하는 평생교육 프로그램입니다.

시민 누구나 들을 수 있는 교육, 일상의 발걸음이 닿는 곳에 마련된 강의가 시민 여러분께 새로운 경험과 채움의 결실을 맺길 바랐습니다.

'모두가 누리는 더 나은 삶'의 차원에서 기본교육이 시작되는 기회, 평생교육의 도시로 발돋움하는 기회가 되길 기대했습니다.

일생일대 프로젝트 1년의 첫 여정을 되돌아보는 자리에서 시민 여러분께 든든함과 감사함을 다시금 느낍니다. 일생일대 프로젝트의 시작은 시민을 위한 파주의 도전이었지만 준비했던 대로 진행하며 잘 마무리할 수 있었던 원동력은 오직 시민 여러분의 참여 덕분입니다.

파주시는 일생일대 프로젝트에 함께해 주신 시민 여러분의 소중한 피드백에 감사드립니다. 이를 잘 반영해, 더 큰 만족을 선사하는 프로그램으로 돌아왔으면 합니다.

RE100의 출발
2025. 12. 02
파주시장 김경일

문산정수장 태양광발전소 착공식

파주 공공재생에너지 1호의 첫 삽을 뜨는 날, 파주의 다음 30년을 밝히는 기본에너지의 시작을 알립니다.

정수장으로만 운영되던 이 공간은 이제 파주시의 에너지전환 거점이자 국민주권정부에서 야심 차게 추진하고 있는 경기 북부 에너지고속도로의 초석이 될 것입니다.

전력을 설계하는 도시, 에너지전환 선도도시로의 새로운 길은 문산정수장 태양광발전소 착공으로 본격적인 변화를 만듭니다. 지방정부 주도로 공공부지에서 만든 재생에너지를 지역 기업에 공급하는 흐름은, 기업이 안정적인 가격으로 재생에너지 전력을 공급받아 RE100을 실현하는 기회가 될 것이라 기대합니다.

착공식을 시작으로 파주 도시 곳곳의 유휴 공간을 에너지 전환 거점으로 바꾸는 변화가 더욱 활발해지길 바랍니다.

시민과 기업 모두가 안심하고 쓸 수 있는 에너지를 공공이 책임지는 구조가 견고해질수록 시민의 삶과 기업의 미래 역시 더욱 탄탄해집니다.

파주의 새로운 에너지 시대가 이제 곧, 시작됩니다.

자유로휴게소가 파주의 품으로 돌아왔습니다

마침내 자유로휴게소가 파주시의 품으로 돌아오게 되었습니다.

파주시에서 중앙정부와 경기도를 끈질기게 설득한 결과이며 시민 여러분께서 뚝심 있게 응원과 성원을 보내주신 덕분입니다.

자유로를 관리하는 기관이 경기도에서 국토교통부로, 다시 국토부에서 파주시로 바뀌었지만, 자유로휴게소만큼은 경기도에서 계속 관리하는 아이러니한 일이 오랫동안 계속되어 왔습니다.

도로를 관리하는 곳이 휴게시설을 관리하는 게 원칙임에도 지켜지지 않았다가 드디어 자유로 휴게소가 파주시로 이관된 것입니다. 이로써 원칙도 지켜지고, 파주시민의 권리 또한 되찾게 되었습니다.

자유로휴게소는 자유로로 파주를 방문하는 분들께는 관문과도 같은 곳입니다.

이제 자유로휴게소가 완전히 파주시에 이관된 만큼 이곳을 휴식과 여가가 어우러진 복합문화공간으로 한 층 더 발전시킬 기회가 생겼습니다.

파주를 찾는 방문객이 만족하며 다시 파주를 방문할 수 있도록, 자유로와 함께 자유로휴게소 또한 파주에서 잘 관리해 나가야 할 것입니다.

시 자유로 휴게소
PAJU
자유로 휴게소 파주시 이관 기념식
2025. 12. 17.(수)

바람이 분다고
연이 혼자 날지 않는다
파주시청

시민과 함께하는 파주는 더 멀리, 더 높이 날 것입니다

바람이 불어야 연이 날 수 있습니다. 그래서 우리가 흔히 알고 있는 말은, '바람이 불지 않으면 연은 날 수 없다'는 문장입니다.

그러나, 바람이 분다고 연이 '혼자' 날지는 않습니다. 연이 바람을 타고 더 높이 더 오래 날 수 있으려면, 연이 날기를 바라는 누군가의 손길과 정성이 함께해야 합니다.

연이 하늘에 닿길 바라는 마음, 연이 하늘 높이 오래 머무르길 바라는 마음은 파주가 도약하고 내 삶이 더 나아지길 바라는 시민의 염원과 닮았다고 생각했습니다.

아무리 바람이 불어도 연을 하늘로 보내는 손길이 없으면 변화가 없듯이, 파주시민의 뜻과 지지가 없다면 무엇도 할 수 없고 무엇도 의미가 없는 파주의 모습 역시 닮았다고 생각했습니다.

그래서, 늘 따뜻한 시선으로 세상을 더 포근하게 담는 김용택 시인님의 문구를 시민께 전하는 올해 마지막 문장으로 정했습니다. 파주시민이 없다면 파주시는 아무것도 할 수 없지만, 반대로 시민과 함께라면 파주시는 모든 것을 다 할 수 있습니다.

시민 여러분과 더 가까이서 부족함을 채우며 시민 여러분과 함께 거침없이 비상하는 파주를 기대합니다.

파주는 더 멀리, 더 높이 날 것입니다.

시장실에 없는 시장

초판 1쇄 발행일 | 2026년 01월 17일

지은이 | 김경일
펴낸이 | 노정자
펴낸곳 | 도서출판 고요아침

출판 등록 2002년 8월 1일 제 1-3094호
03678 서울시 서대문구 증가로 29길 12-27, 102호
전화 | 302-3194~5
팩스 | 302-3198
E-mail | goyoachim@hanmail.net
홈페이지 | www.goyoachim.com

ISBN 979-11-6724-277-8(03810)

*책 가격은 뒤표지에 표시되어 있습니다.

*사진 출처: 파주시청 홈페이지